摆渡者学生书架

学会学习

——高中生学习指导

主　编：赵建军　蔡润圃

副主编：崔建勋　宿俊光　林风桐　徐启春　张辉庆

编　委：（以姓氏笔画为序）

于福楠　王春明　刘国松　刘英杰　吕平溪

任福祥　孙建平　杨立波　张寿波

教育科学出版社

·北　京·

出 版 人　所广一
责任编辑　殷　欢
责任校对　贾静芳
责任印制　叶小峰

图书在版编目（CIP）数据

学会学习：高中生学习指导/赵建军，蔡润圃主编. —北京：教育科学出版社，2012.4(2016.5 重印)
ISBN 978-7-5041-6381-3

Ⅰ.①学…　Ⅱ.①赵…　②蔡…　Ⅲ.①课程—高中—教学参考资料　Ⅳ.①G634

中国版本图书馆 CIP 数据核字（2012）第 057220 号

学会学习——高中生学习指导
XUEHUI XUEXI——GAOZHONGSHENG XUEXI ZHIDAO

出版发行　教育科学出版社

社　址	北京·朝阳区安慧北里安园甲 9 号	市场部电话	010-64989009
邮　编	100101	编辑部电话	010-64981245
传　真	010-64891796	网　址	http://www.esph.com.cn
经　销	各地新华书店		
印　刷	保定市中画美凯印刷有限公司	版　次	2012 年 4 月第 1 版
开　本	159 毫米×230 毫米　16 开	印　次	2016 年 5 月第 2 次印刷
印　张	13	印　数	6 001—8 000 册
字　数	168 千	定　价	26.00 元

序

1999年，中共中央国务院作出了《关于深化教育改革　全面推进素质教育的决定》；2001年国务院作出了《关于基础教育改革与发展的决定》；同年，教育部颁布了《基础教育课程改革纲要（试行)》。2004年，山东、广东、海南、宁夏四省区率先试点实施新一轮课程改革。为使新一轮课程改革进一步深入推进，山东省教育厅于2007年12月出台了《山东省普通中小学管理基本规范（试行)》，其中“严格控制学生作息时间，积极开展学生自主实践性学习”的规定更是各级各类学校必须研究的课题。2009年，烟台市教育科学研究院针对高中学生自主学习时间大量增多的现实，提出“1/3自主学习时间有效管理”的课题。

实际上，自20世纪80年代以来，伴随着教育心理学的发展，自主性学习就成为教育界研究的热门话题。自主性学习是人本主义、认知主义和建构主义三大学习理论共同影响下的结果。它吸取了人本主义必须重视人的情感因素的思想，采纳了认知主义的认知—发现说，借鉴了建构主义关于教师、学习者、任务、环境的动态交互思想。自主精神是培养创新精神的先决条件，对学生自主性学习能力的培养是新课改顺利、深入推进的重要保障。

无论哪一种学习方式，都存在方式方法的问题。方法是人们认识世界和改造世界的程序、道路或途径。学习方法是学生认识世界、发展自身能力的方法，它受学习规律的制约。学习规律决定学习方法的科学与否，科学的学习方法必然体现学生对学习规律的认识和把握。人既要学习，更要善于学习。善于学习就是要学会选择、掌握和运用正确的学习方法。中学生的学习活动是人类学习活动的一种特殊形式，它有别于人类一般的学习活动而有它独有的特点：一是中学生的学习是以掌握书本上的间接知识经验和培养自己的能力、发展智力为主；二是中学生的学习主要是在教师的指导下，有目的、有计划、有组织地进行，同时伴有大量的自学活动；三是中学时期的学习活动是人一生学习与生活的基础，是人学习和生活的最重要阶段。高中阶段的各科学习又有不同于初中阶段的三个突出的特点。一是知识量大，系统性强；二是综合性强，各学科互相影响；三是能力要求高，重在自主学习能力的培养。学生自主学习能力的提高除了学生自身不断总结外，外界因素特别是教师的指导因素起着不可估量的作用。

近几年来，莱州市教学研究室对学生的自主学习进行了深入的研究，形成了一系列的研究成果。为进一步总结经验，更好地指导高中学生的自主学习，决定编写《学会学习——高中生学习指导》一书。该书涉及高中课程的九大主要学科，从总结学科特点出发，进而归纳学科学习规律，从中寻找科学的学科学习方法。同时，各学科详细分析初高中知识的差异，并在差异中探究初高中知识的衔接方法，以期为初高中学习的顺利过渡牵线搭桥。

该书凝聚了教研人员的辛劳和智慧，我相信她必将对我市高中学生的自主学习、良好习惯的养成起到很好的促进作用。当然，我们也必须清醒地认识到，新课程的实施、学生学习方式和教师教学方式的转变不是一朝一夕就能完成的，这需要凝聚全体教育工作者的集体智慧。我们希望全体教育工作者辛勤劳动，不断反思，在新课改实施过程中不断探索出更多新经验、新成果。

莱州市教育体育局局长 毛志林

前　　言

太阳每天都是新的。从初中升入高中，虽不是沧海桑田，学习上也会有大的变化。这种改变，有内容的改变，也有学习方法的改变。内容上更深更广了，能力上要求更高了；方法的改变更是巨大的，有时候可以说是性质上的改变。

山东省实施新课程改革后，学生自主学习的时间增多了，形势要求学生要学会自主学习、高效学习，高中学习方法的系统指导成为当务之急。

未来的文盲不再是不识字的人，而是没有学会怎样学习的人。“授之以鱼，不如授之以渔。”顺应形势变化，莱州市教学研究室的老师结合多年教学实践和指导教学的经验，经过两年的艰苦努力，一部系统、实用的学法指导书终于和高中生见面了。她饱含着教研室老师的心血，承载着高中一线老师的希望。她贴紧高中生实际谈学习、谈生活，她简捷实用，从初高中知识衔接到各科内容变化，无所不包；她系统精彩，各科先进学习方法尽含其中。

高中学习是辛苦的，愿此书成为你攀山越岭的拐杖，助你顺利登顶；高中学习是快乐的，愿此书成为你飞翔的翅膀，伴你超越梦想。

请把她放到你的案边床头，时时翻阅，有疑即查，你会受益三年乃至一生。

编　者

目　录

第一章　普通高中新课程简介

自2004年起，山东省开始了新一轮高中课程改革。本次课程改革与以往相比，各方面都有较大的变化。为便于同学们尽快了解新课程、适应新课程，特将新课程的特点及实施要求进行简单介绍，供同学们参考。

第一节　普通高中新课程特点

1. 时代性

新课程体现当代社会的进步和科技的发展，反映各学科的发展趋势，课程内容与社会生活、科学技术密切联系。同时，根据时代发展的需要会及时调整、更新课程内容。

2. 基础性

普通高中新课程的学习内容是学生终身学习必备的基础内容，新课程高中阶段的教育是在九年义务教育基础上进一步提高国民素质、面向大众的基础教育，为学生的终身发展奠定基础。高中新课程不单纯追求升学与就业，而是实现从精英教育向大众教育、从应试教育向素质教育的转变，体现以学生的发展为本；强调掌握必需的经典知识及灵活运用的能力；其中的内容既是进一步提升所有学生的共同基础，同时更为每一个学生的发展奠定不同的基础。

3. 选择性

为适应社会对多样化人才的需求，满足不同学生的发展需要，在保证每个学生达到共同基础的前提下，各学科分类别、分层次设计了多样的、可供具有不同发展潜能的学生选择的课程内容，以满足学生对课程的不同需要。

新课程分为语言与文学、数学、人文与社会、科学、技术、艺术、综合实践活动、体育与健康八大学习领域。语言与文学包含的科目有语文、外语（英语、日语、俄语等）；人文与社会包含的科目有政治、历史、地理；科学包含的科目有物理、化学、生物；技术包含的科目有信息技术、通用技术；艺术包含的科目有音乐、美术；综合实践活动包含的内容有社会实践、社区服务、研究性学习活动。每一科目又分为几个必修模块和若干个选修模块。

以往教材是由单元构成的，注重整个学科内的结构，单元与单元之间有着密切的联系。新课程理念下的教材是由模块构成的，模块具有更大的综合性和更强的相对独立性与灵活性，为课程的选择性创造了条件。

此外，学校有充分的课程自主权，可以创造性地实施国家课程，因地制宜地开发学校课程，为学生有效选择课程提供保障。学校建立校内选课指导制度，为学生形成符合个人特点和学校实际的、合理的课程修习计划提供帮助和指导，并引导学生家长正确对待和帮助学生选课。

4. 自主性

新课程倡导学生主动学习，提高学生自主学习、合作交流以及分析问题和解决问题的能力。课程与学生经验紧密联系，注重培养学生浓厚的兴趣、旺盛的求知欲、积极的探索精神、坚持真理的态度，注重培养搜集和处理信息的能力、获取新知识的能力、分析问题和解决问题的能力、交流合作的能力。新课程注重拓展学生视野，引导学生创新与实践。

5. 发展性

新课程实施学生发展性评价制度，实行学生学业成绩与成长记录相结合的综合评价方式，并实行学分管理。学校根据目标多元、方式多样、注重过程的评价原则，综合运用观察、交流、测验、实际操作、作品展示、自评与互评等多种方式，为学生建立综合、动态的成长记录手册，全面反映学生的成长历程。

第二节　普通高中新课程设置

一、"三级课程"

1. 国家课程

国家课程是国家规定的课程，它集中体现一个国家的意志，专门为培养未来的公民而设计，是依据未来公民接受教育之后所要达到的共同素质而开发的课程。

国家课程中的每一学科都分为几个必修模块和若干个选修模块。必修模块是所有学生必须修习的，选修模块是供学生选学的。选修模块的修习，学校会指导学生根据实际情况进行适当的选择，以使每一个学生都能获得必需的学分要求。

2. 地方课程

地方课程又称地方本位课程，是指地方各级教育主管部门根据国家课程政策，以国家课程标准为基础，在一定的教育思想和课程观念的指导下，根据地方经济、政治、文化的发展水平及其对人才的特殊要求，充分利用地方课程资源而开发、设计、实施的课程。它是不同地方对国家课程的补充，反映了地方和社区对学生素质发展的基本要求，具有鲜明的地域色彩。

烟台市的地方课程有"学会学习"、"当代科技"、"数学模型"、"经济读本"等。

3. 校本课程（学校课程）

校本课程是指学校自行规划、设计、实施的课程。它是学校根据学生的发展需要和学生的兴趣开发的课程，以发展学生个性为目的，课程开发的主体是教师而不是专家。如表 1－1 所呈现的莱州一中2010年学校课程计划。

表1－1 选修Ⅱ课程安排

序号	课程名称	分类	上课时间	学时	学分	拟招人数	上课地点	任课教师
1	在古诗文的星空里——古诗文鉴赏	语文	36	2	120	—	—	—
2	语文学海拾贝	语文	36	2	120	—	—	—
3	英语歌曲欣赏	英语	36	2	120	—	—	—
4	Clockwise	英语	36	2	60	—	—	—
5	Lyrical English Poetry	英语	36	2	60	—	—	—
6	American Idioms and Slang	英语	36	2	60	—	—	—
7	中学数学研究	数学	36	2	240	—	—	—
8	数学问题探究	数学	36	2	240	—	—	—
9	数学思维与方法	数学	36	2	240	—	—	—
10	数学欣赏	数学	36	2	240	—	—	—
11	数学思维与方法2	数学	36	2	240	—	—	—
12	高一数学奥林匹克	数学	36	2	60	—	—	—
13	经济常识	政治	36	2	120	—	—	—
14	著名领袖（经济）人物探秘	政治	36	2	120	—	—	—
15	时事纵横	政治	36	2	480	—	—	—
16	健康心理与领袖才能	政治	36	2	480	—	—	—
17	心理辅导技巧	政治	36	2	120	—	—	—
18	宗教与文化	历史	36	2	120	—	—	—
19	莱州一中校史	历史	36	2	120	—	—	—
20	地理实践探究	地理	36	2	480	—	—	—
21	物理思维方法和实验探究（A）	物理	36	2	480	—	—	—

续表

序号	课程名称	分类	上课时间	学时	学分	拟招人数	上课地点	任课教师
22	物理思维方法和实验探究（B）	物理	36	2	480	—	—	—
23	无线电测向与工程制作	物理	36	2	60	—	—	—
24	现代电子技术（高一）	物理	36	2	60	—	—	—
25	高一物理奥林匹克	物理	36	2	60	—	—	—
26	化学实验探究（1）	化学	36	2	180	—	—	—
27	化学实验探究（2）	化学	36	2	180	—	—	—
28	高一化学奥林匹克	化学	36	2	60	—	—	—
29	走进自然——生物创新研究案例分析与实战	生物	36	2	120	—	—	—
30	生物创新实验研究	生物	36	2	180	—	—	—
31	高一生物奥林匹克	生物	36	2	60	—	—	—
32	趣味程序设计	信息	36	2	180	—	—	—
33	创意设计与制作	信息	36	2	60	—	—	—
34	信息学奥赛	信息	36	2	60	—	—	—
35	人工智能研究	信息	36	2	60	—	—	—
36	电脑动画	信息	36	2	60	—	—	—
37	电脑平面设计	信息	36	2	60	—	—	—
38	家居生活技术	通技	36	2	180	—	—	—
39	科技创新与物理创新思维研修	通技	36	2	60	—	—	—
40	声乐小组	艺术	36	2	80	—	—	—
41	器乐小组	艺术	36	2	40	—	—	—
42	合唱	艺术	36	2	40	—	—	—
43	舞蹈	艺术	36	2	40	—	—	—
44	绘画基础	艺术	36	2	360	—	—	—

续表

序号	课程名称	分类	上课时间	学时	学分	拟招人数	上课地点	任课教师
45	篆刻	艺术	36	2	120	—	—	—
46	篮球俱乐部（高一、高二）	体育	36	2	100	—	—	—
47	羽毛球（周二、周四）	体育	36	2	120	—	—	—
48	羽毛球（周六）	体育	36	2	600	—	—	—
49	健美操（周六）	体育	36	2	240	—	—	—
50	健美操（周三、周五）	体育	36	2	120	—	—	—

（注：学生 3 年必须修满 6 个学分）

二、课程设置

（一）普通高中的课程设置

普通高中全面开设《普通高中课程方案（实验）》规定的语言与文学、数学、人文与社会、科学、技术、艺术、体育与健康和综合实践活动八个学习领域的课程。每学年都设置各领域的课程，保证使学生每一学年在所有学习领域都能获得一定学分。

普通高中的课程设置安排如表 1－2 所示。

表 1－2　普通高中的课程设置

学习领域	科　目	一年级		二年级		三年级	
		学分	周学时	学分	周学时	学分	周学时
语言与文学	语文	8	4	8	4	4	5
	外语	8	4	8	4	4	5
数学	数学	8	4	14	4	4	5
人文与社会	思想政治	4	2	4	2	12	12
	历史	4	2	4	2		
	地理 *	4	2	4	2		

* 表格中的地理既属于人文领域，其实又属于科学领域。

续表

<table>
<tr><th rowspan="2">学习领域</th><th rowspan="2">科　目</th><th colspan="2">一年级</th><th colspan="2">二年级</th><th colspan="2">三年级</th></tr>
<tr><th>学分</th><th>周学时</th><th>学分</th><th>周学时</th><th>学分</th><th>周学时</th></tr>
<tr><td rowspan="3">科学</td><td>物理</td><td>4</td><td>2</td><td>4</td><td>2</td><td rowspan="3">12</td><td rowspan="3">12</td></tr>
<tr><td>化学</td><td>4</td><td>2</td><td>6</td><td>2</td></tr>
<tr><td>生物</td><td>4</td><td>2</td><td>4</td><td>2</td></tr>
<tr><td rowspan="2">技术</td><td>信息技术</td><td>2</td><td>1</td><td>4</td><td>1</td><td rowspan="2">2</td><td rowspan="2">1</td></tr>
<tr><td>通用技术</td><td>2</td><td>1</td><td>2</td><td>1</td></tr>
<tr><td rowspan="2">艺术</td><td>音乐</td><td>1</td><td rowspan="2">1</td><td>1</td><td rowspan="2">1</td><td>1</td><td rowspan="2">1</td></tr>
<tr><td>美术</td><td>1</td><td>1</td><td>1</td></tr>
<tr><td>体育与健康</td><td>体育与健康</td><td>4</td><td>2</td><td>4</td><td>2</td><td>4</td><td>2</td></tr>
<tr><td rowspan="3">综合
实践
活动</td><td>研究性学习活动</td><td>5</td><td>3</td><td>5</td><td>3</td><td>5</td><td>3</td></tr>
<tr><td>社区服务</td><td colspan="6">共 2 学分　3 学年至少 10 个工作日</td></tr>
<tr><td>社会实践</td><td>2</td><td>全年至少 1 周</td><td>2</td><td>全年至少 1 周</td><td>2</td><td>全年至少 1 周</td></tr>
<tr><td colspan="2">学校课程（选修学分Ⅱ）</td><td>2</td><td>1</td><td>2</td><td>1</td><td>2</td><td>1</td></tr>
</table>

说明：

（1）课程设置的学分要求为高中学校开设的最低学分量，学校会根据条件和学生的需要尽可能多地开设选修课程。必修课程所有学生必须修习，选修课程由学生自主选择修习。

（2）每学年 52 周，其中教学时间 40 周，社会实践 1 周，假期 11 周。社区服务安排在课余时间、周末或节假日。原则上每学期分两段安排课程，每段 10 周，其中 9 周授课，1 周复习考试。每周 5 天上课，周学时数不超过 35 节。高中三年级课程主要安排在上学期。

（3）每个模块通常为 36 学时，语文、数学、外语每个模块在一个学段内完成。人文与社会、科学领域的有关科目每个模块在一个学期内完成，或在不增加学时的前提下，在本领域内灵活安排开设顺序。体育与健康、音乐、美术每个模块为 18 学时。

（4）学校会根据实际情况自主安排技术领域中信息技术和通用技术的开设顺序。

（5）艺术领域每周开设 1 学时。音乐和美术一般间周开设。

（6）研究性学习活动的学时可能根据需要会灵活安排，或集中使用，或分散使用，但每学期的学时总量必须达到要求。

（7）学生每学年在每个学习领域都必须获得一定学分，3 年中获得 116 个必修学分，在选修课程中获得 28 学分，其中学校课程至少 6 学分，总学分达到 144 方可毕业。继续学习或参加高考的学生应获得更多的学分。

（二）学分配置

普通高中课程学分结构如表 1－3 所示。

表 1－3　普通高中课程学分结构

<table>
<tr><th>学习领域</th><th>科　目</th><th>必修学分共 116 学分，占总学分的 61.4%</th><th>选修 Ⅰ 学分共 55 学分，占总学分的 29.1%</th><th>选修Ⅱ学分共 18 学分，占总学分的 9.5%</th></tr>
<tr><td rowspan="2">语言与文学</td><td>语文</td><td>10</td><td rowspan="17">每个科目都在必修的基础上设置了若干个提高的选修模块，供学生根据自己的学习兴趣和未来发展需要选择</td><td rowspan="17">学校根据当地社会、经济、科技、文化及自身条件开设的校本课程，供学生选择</td></tr>
<tr><td>外语</td><td>10</td></tr>
<tr><td>数学</td><td>数学</td><td>10</td></tr>
<tr><td rowspan="3">人文与社会</td><td>思想政治</td><td>6</td></tr>
<tr><td>历史</td><td>8</td></tr>
<tr><td>地理</td><td>6</td></tr>
<tr><td rowspan="3">科学</td><td>物理</td><td>6</td></tr>
<tr><td>化学</td><td>6</td></tr>
<tr><td>生物</td><td>6</td></tr>
<tr><td rowspan="2">技术</td><td>信息技术</td><td>4</td></tr>
<tr><td>通用技术</td><td>4</td></tr>
<tr><td>艺术</td><td>艺术或
音乐、美术</td><td>6</td></tr>
<tr><td>体育与健康</td><td>体育与健康</td><td>11</td></tr>
<tr><td rowspan="3">综合实践活动</td><td>研究性学习活动</td><td>15</td></tr>
<tr><td>社会实践</td><td>6</td></tr>
<tr><td>社区服务</td><td>2</td></tr>
</table>

1. 学分制及学分的规定

学分制是反映学生在学校课程方面发展履历的一种课程管理制度，也是衡量学生在课程方面的经历和发展水平的一种课程评价制度。它以量化的分值方式，通过学分来记录学生在相应的课程领域的成长经历，以及所达到的发展程度。我国一般采用学年学分制（即学生必须读满规定的学年，修满各学年规定的科目和时数，且能考试合格达到既定标准，才可以毕业获颁证书的一种制度。我国普通高中目前实施的就是学年制。相对于学分制，学年学时制是一种刚性课程管理制度）。普通高中学制为3年。

学分的规定如下：每一个学分等于一个学期内每周一课时(40～45分钟）的课堂学习，并达到规定的质量要求。若单从课时来说，1学分=18课时。

2. 毕业最低学分要求

普通高中学生毕业的学分要求是：学生在3年内至少获得144学分，必修学分不低于116学分，其中包括研究性学习活动15学分，社区服务2学分，社会实践6学分。选修Ⅰ不低于22学分，选修Ⅱ不低于6学分。学生修满上述规定的最低学分，并通过思想品德、组织纪律、行为规范等方面的综合考核合格，准予毕业。

3. 实施学分制，学生有了自主发展的空间

实行学分制，学生可以根据个人兴趣、自身条件、发展需要，并按照学校课程设置制订个人的课程学习计划，进行自主选课。学生可以自己选择学习进程、学习方法等。这样，既帮助学习困难的学生解决精力不足的问题，也为学有余力的学生加速、加宽、加深学习提供了机会。从理论上分析，3年高中可以获得189学分，按新课程方案的规定，毕业学分最低要求是144学分，因此，有45学分（占总学分24%）的空间留给学校支配，这给每一个学生的发展提供了极大的空间。就选修Ⅰ来说，总的空间是55学分，如按最低要求22学分来说，还有33学分的发展空间，学生可以在必修课程中跨科目或跨领域选修。就选修Ⅱ来说，总的空间是18学分，如按最低要求6学分来说，还有12学分的发展空间，学生可以在校本课程领域自由选修。

即使是必修学分，同样给学生留有选择的空间，如体育与健康、

艺术、技术等领域，只规定最低必修学分，但没有规定学习相同的模块，学生有权决定自己学什么内容。

4. 学分认定的主体

学校是高中生学分认定的主要权力机构。根据三级课程管理的思想，可以将课程分成学术性与非学术性两大类，由不同的主体认定不同的课程，如表 1 –4 所示。

表 1 –4　高中课程分类

<table>
<tr><td></td><td>学术性课程</td><td colspan="4">非学术性课程</td></tr>
<tr><td rowspan="2">领域/科目</td><td rowspan="2">语言与文学、数学、外语、人文与社会、科学</td><td rowspan="2">技术、艺术、体育与健康</td><td colspan="2">综合实践活动</td><td rowspan="2">校本课程</td></tr>
<tr><td>研究性学习</td><td>社区服务与社会实践</td></tr>
<tr><td>学分认定主体及依据</td><td>由学校或教师根据校外统一考试成绩或校内考试成绩或国家课程标准来认定</td><td colspan="2">由学校或教师依据国家课程标准或指南来认定</td><td>由校内外机构或负责人依据学校的有关规定来认定</td><td>由教师依据学校的有关规定来认定</td></tr>
<tr><td>备注</td><td colspan="5">技术领域暂列为非学术性课程</td></tr>
</table>

5. 关于编班

实行学分制管理后，学生仍按年级编班，形成自然班或称行政班。学生选课后，按选课人员形成教学班。学生可以跨班但不跨年级走班上课。

6. 关于学籍管理

学分制允许学生免修和重修。对于考试不及格的学生，一方面，采取补考或补修不及格课程来代替留级制。补考放在寒暑假之后、新学期开学的第一周。对于补考还不及格的学生，允许其选择自修、重修来补修。另一方面，在达到该领域和科目的最低学分要求的前提下，允许学生跨科目或领域选修其他容易通过的模块。

对于限选课，不同学校有不同做法，可以重修，学生也可以在同类课程中另选。

任选课可以重修、改修或放弃。

课程重修须在后续一年之内进行。重修一般不得超过两次。

学生的休学、停学、复学、退学等按现行学籍管理规定执行。对于转学的情况，学生已修选修课程的学分根据学分互认办法予以承认。

7. 综合实践活动的学分计算方法

研究性学习 3 年共 15 个学分。有三种方案：每学期一个课题，每个课题 3 个学分；每学年一个课题，每个课题 5 个学分；一年级一个小课题 5 个学分，二、三年级共一个大课题 10 个学分。学校根据需要自定具体的学分方案。

社会实践共 3 周，每学年一周，每周计 2 个学分，3 年共 6 个学分。由班主任根据学生在实践活动中的实际表现情况认定学分。

社区服务 3 年共 2 个学分，服务时间不少于 10 个工作日。学分由班主任根据服务接受单位负责人签章的服务时间证明来认定，由团委或学生会组织的服务活动，则由负责教师认定。

第三节 普通高中新课程内容

高中三学年课程内容安排如表 1－5 所示。

表 1－5 普通高中新课程内容安排

<table>
<tr><th rowspan="2">领域</th><th rowspan="2">科目</th><th colspan="2">一年级</th><th colspan="2">二年级</th><th colspan="2">三年级</th></tr>
<tr><th>上</th><th>下</th><th>上</th><th>下</th><th>上</th><th>下</th></tr>
<tr><td rowspan="3">语言与文学</td><td>语文</td><td>语文 1～2</td><td>语文 3～4</td><td>语文 5，至少选择 1 个选修模块</td><td>至少选择 2 个选修模块</td><td>至少选择 2 个选修模块</td><td rowspan="3">开设部分选修课程总复习</td></tr>
<tr><td rowspan="2">外语（英）</td><td rowspan="2">英语 1～2</td><td>英语 3～4</td><td>英语 5～6</td><td>英语 7～8</td><td rowspan="2">从选修系列Ⅰ和系列Ⅱ中至少选择开设 2 个模块</td></tr>
<tr><td colspan="3">（可以选修系列Ⅱ模块补充）</td></tr>
</table>

续表

<table>
<tr><th rowspan="2">领域</th><th rowspan="2">科目</th><th colspan="2">一年级</th><th colspan="2">二年级</th><th colspan="2">三年级</th></tr>
<tr><th>上</th><th>下</th><th>上</th><th>下</th><th>上</th><th>下</th></tr>
<tr><td>数学</td><td>数学</td><td>数学 1 ~ 2</td><td>数学 3 ~ 4</td><td>数学 5，选修 1 – 1、2 – 1</td><td>选修1 – 2和系列 3 中 2 个专题；选修 2 – 2、2 – 3</td><td>从选修系列 3 中选择开设 2 个专题；从系列 4 中至少选择开设 2 个专题</td><td rowspan="7">开设部分选修课程总复习</td></tr>
<tr><td rowspan="6">人文与社会科学</td><td>思想政治</td><td>思想政治 1</td><td>思想政治 2</td><td>思想政治 3</td><td>思想政治 4</td><td rowspan="3">人文方向选修：思想政治、历史至少各选择开设 2 个选修模块；地理至少选择开设 2 个选修模块</td></tr>
<tr><td>历史</td><td>历史（Ⅰ）</td><td>历史（Ⅱ）</td><td>历史（Ⅲ）</td><td>从选修模块中至少选择开设 1 个模块</td></tr>
<tr><td>地理</td><td>地理 1</td><td>地理 2</td><td>地理 3</td><td>从选修模块中至少选择开设 1 个模块</td></tr>
<tr><td>物理</td><td>物理 1</td><td>物理 2</td><td>从选修 1 – 1、2 – 1、3 – 1中至少选择开设 1 个模块</td><td>从选修 1 – 2、2 – 2、3 – 2中至少选择开设 1 个模块</td><td rowspan="3">科学方向选修：从物理 2 – 3、3 – 3、3 – 4、3 – 5 中至少选择开设 2 个模块；
化学至少选择开设 2 个选修模块；
生物开设 1 个选修模块</td></tr>
<tr><td>化学</td><td>化学 1</td><td>化学 2</td><td>至少开设 2 个选修模块</td><td>至少开设 1 个选修模块</td></tr>
<tr><td>生物</td><td>生物 1</td><td>生物 2（或生物 3）</td><td>生物 3（或生物 2）</td><td>开设 2 个选修模块</td></tr>
<tr><td rowspan="2">技术</td><td>信息技术</td><td colspan="2">信息技术基础</td><td colspan="2">从选修模块中至少选择开设 2 个模块</td><td colspan="2" rowspan="2">至少从通用技术选修模块中选择开设 1 个模块</td></tr>
<tr><td>通用技术</td><td colspan="2">必修 1</td><td colspan="2">必修 2</td></tr>
<tr><td rowspan="2">艺术</td><td>音乐</td><td colspan="2">音乐鉴赏</td><td colspan="2">音乐鉴赏</td><td colspan="2">在其他模块中至少选择开设 1 个模块</td></tr>
<tr><td>美术</td><td colspan="2">美术鉴赏</td><td colspan="2">绘画</td><td colspan="2">从其他模块中至少选择开设 1 个模块</td></tr>
</table>

续表

领域	科目	一年级		二年级		三年级	
		上	下	上	下	上	下
体育与健康	体育与健康	从6个运动技能系列中至少选择开设10个模块，并开设健康教育专题系列，其中在田径类项目、体操类项目和民族民间体育类项目系列中，要求学生在每个系列至少修满1学分，在健康教育专题系列修满1学分					
综合实践活动	研究性学习活动	根据学校和学生实际，从自然、社会和学生生活中确定5个研究专题，其中高中一年级、二年级各2个专题，高中三年级1个专题					
	社区服务	根据学校所在地区和学生实际，开展了解社区、服务社区和参加社区建设等活动					
	社会实践	根据学校和学生实际，确定活动内容，如学工学农、公益活动、军训、勤工俭学、学校社团等					
	学校课程	学校根据有关规定自主开发和安排教学内容					

第四节　普通高中新课程评价

1. 发展性评价

学校实行学生选课、学业成绩与成长记录相结合的综合评价方式。根据目标多元、方式多样、注重过程的评价原则，为学生建立综合、动态的成长记录档案，全面反映学生的成长历程。学校将对学生选课、作业和作品、实践活动、标志性成果等过程性资料进行积累，通过多种方式对学生进行发展性评价。学分的认定基于学生平时选课、学习成绩和模块考试成绩，同时参照有关规定满足修习的学时数。

2. 日常考试

日常考试实行无分数评价。学校、班级不公布学生的考试成绩，不按学业成绩排列学生名次。

3. 学业水平考试

学业水平考试是决定普通高中学生是否具备毕业资格的必要条件。学业水平考试范围以必修课程为主，逐步开始考查选修课程内容。学业水平考试成绩按照实际考分和等第记录在普通高中学生发展评价报告和省、市学业水平考试计算机管理系统中。允许学生自主选择参加的考试科目和考试时间。

4. 学生综合素质评价

普通高中学生综合素质评价，以山东省教育厅颁布的《普通高中学生发展报告》作为普通高中学生自我评价和教师、学校评价学生的工具和评价结果记录的平台，其中的相关信息将作为高校招生的依据。

第二章　高中各学科学习方法指导

第一节　语文学习方法指导

一、高中语文的学科特点

语文学习，从读开始。和理科相比，语文的最大特点是所运用的思维方式主要是形象思维，即通过想象和联想来完成形象的归结、还原、挖掘、创造。表现形象的基本材料是语言文字，语文水平的提高，说到底是语言理解、表达能力的提高。读是连接语言材料和形象思维的通道，是理解、鉴赏的开始。读，协调眼、手、口、耳、脑等多种感官的活动，对语言的意义、情态、情味进行综合感受，是直觉体悟语言的基本方式。从读入手，带动说写，可以规范用汉语进行思维和表达的习惯；可以培养语感，增加积累，提高语文素养。默读、朗读、齐读、分角色读、反复诵读……丰富多彩的“读”反映了语文学习的个性特征。

积累、领悟对语文学习非常重要。学习语文是知识积累的过程，是一种潜移默化的提高，“熟读唐诗三百首，不会作诗也会吟”。养成自觉学习、思考领悟的习惯对于学好语文很关键，包括老师讲的，你领悟了就说明掌握了，没领悟就没掌握。我们平时所说的灵感，往往是悟出来的。领悟能力主要取决于想象能力和联想能力。我们在平时的语文学习中，要注意多观察、多思考、多领悟。

与初中比较，高中语文学习有如下的特点。

1. 内容更加广泛、丰富

从教材所涉及的内容看，几乎包括人类进入文明社会以后各个时期的作品。例如，从中国古典文学的角度看，涵盖从《诗经》到明清的诗歌、散文、戏剧、小说等各种文学形式，而其中包含的学习内容又非常丰富，作家作品、文学文化常识，实词、虚词、句式、修辞、文章内容理解归纳、文学鉴赏以及语言的运用等，都在学习要求之中。外国的作家作品，将重点学习历史上有影响的作家、政治家的诗歌、小说、散文、演讲词等产生过一定影响的作品。

2. 知识性、系统性更强

初中语文学习的要求较注重学生感性的认识和积累，高中语文学习的要求已上升到能够对有关内容进行知识性、系统性的理解和领悟，将感性认识上升为理性认识，将文本中的问题通过知识体系解决。比如学习诗歌，初中要求学习能读会背，形成语感，在教师的指导下能够初步理解诗意。高中则要求学生能够了解诗歌发展的基本过程，了解诗歌在每一个时期内容、形式、风格等方面的变化，对其具备一定的鉴赏能力。在阅读欣赏诗歌时，能借助相关知识读懂内容并进行艺术鉴赏。知识性和系统性使零散的、不具条理的内容得到整合。

3. 时间减少，能力要求提高

高中语文的周课时数比初中少了1/3，高中学习的科目比初中增多，再加上数理化的学习负担加重，学生在课外用于语文学习的时间相对减少。这样两个"减少"，实际上就给语文学习增加了难度，提高了要求。高中阶段，基础知识增加得并不多，但知识面宽，容量大，综合性强，难度加大了，如何运用已学过的知识提高自己的分析能力、概括能力、欣赏能力和写作能力等的要求高了。如写作，初中阶段要求学生会写体裁分明的几种常用文体，且以写景和叙事为主，主要培养学生的形象思维；高中阶段则要求学生在写景叙事的基础上进一步抒发情感，发表议论，主要培养学生的逻辑思维能力。

从考试形式和内容上看，高中语文试卷客观题和主观题并存，试题内容一般分为基础、阅读、应用、写作四个方面，考查学生识记、理解、分析综合、鉴赏评价、表达应用和探究六种能力。语文考试从水平考试向能力考试过渡。

4. 学习的自主性要求更高

高中语文课时减少，能力要求提高，需要我们改变课堂上那种习惯于依赖教师、盲目等待、不会自学、不去主动查资料、求方法、变思路的消极学习方法。高中语文学习更需要把依靠教师传授知识作为获取知识的主渠道转变为在教师指导下主动猎取知识、获得能力的过程。从课前预习、知识积累、文章讲读、课后练习到课外涉猎，在整个语文的学习过程中都要注意把自己引向自我学习积累、主动实践探究，通过反复的实际操作，有效地提高运用工具书的能力、提出问题与解决问题的能力、知识积累与知识储备的能力、分析运用与探究发现的能力，从而全面提高语文自学的能力。

总而言之，高中阶段的语文学习比初中阶段的内容范围扩大很多，能力要求也更多、更高、更全面，更趋向应用性、审美性。

二、找准初高中语文学习的衔接点

1. 知识层次的衔接

语文知识本身是有系统序列的，语文教学的进程也是循序渐进、逐渐加深的。我们的教材内容是根据学生知识基础和年龄特征的不同阶段来编排的。初中语文与高中语文在学习要求、内容和方法等方面既有区别又有联系。高中学段的知识层次是在初中学段基础上的延伸和提高。如诗歌学习由能读会背、了解诗歌内容、浅层的感悟升格为分析意象、品味语言、感受真情，鉴赏诗歌的表现手法和内容；文言文阅读从只要求理解基本内容，到要求掌握常见的文言实词、虚词、句式，读懂课文，用现代观念审视作品的思想内容和思想倾向；现代文阅读从要求能较熟练地运用略读、浏览的方法理解主要内容，能提出自己的看法和疑问，到要求能根据不同的阅读目的，针对不同的阅读材料，灵活运用精读、略读、浏览、速读等阅读方法，发展独立阅读的能力，注重个性化的阅读，理解作者的思想、观点和情感，作出自己的分析和判断，学习从不同角度进行阐发、评价、质疑；作文教学从要求根据表达的中心选择恰当的表达方式、合理安排内容的先后和详略、条理清晰地表达自己的思想，到基础等级和发展等级的高要求。知识层次在初中基础上要求则更高。

2. 思维能力的衔接

根据初中生年龄的特点，初中语文教材主要要求学生加强对知识的识记能力和培养学生具有一定程度的理解能力，而高中语文却在此基础上主要培养学生分析问题和解决问题的能力，重视文化熏陶，全面提高学生的语文素质，而且教学上处处要贴近高考对学生语文能力的六个层级的培养。这六个层级的能力是：①识记（指识别和记忆，是语文能力最基本的层级，内容一般是知识性较强的语言、字形、文化和文学常识等）；②理解（指领会并能作简单的解释，是识记的高一级层级）；③分析综合（指分解剖析和归纳整理，是比前二者又高一级的层级）；④鉴赏评价（指对阅读材料的鉴别、赏析和评说，是以识记、理解和分析综合为基础，在阅读方面发展了的能力层级）；⑤表达应用（指对语文知识和能力的运用，是以识记、理解和分析综合为基础，在表达方面发展了的能力层级）；⑥探究（指对某些问题进行探讨，有见解、有发现、有创新，是在识记、理解和分析综合的基础上发展了的能力层级）。可以说这六个层级安排得合情合理，既考虑到高中生的年龄特点，又符合高中生的认知规律，因此从知识的识记、理解到分析综合、运用和探究，这一思维能力的培养是初高中语文学习衔接的又一关键。

3. 学习方法的衔接

初中语文学习主要立足于教材，学生只要认真听课做笔记，课后认真复习并完成课后及补充练习，一般来讲，平时的测验考试就基本不成问题了。而高中阶段随着知识层次的加深、知识容量的扩大，高中生应该掌握更为科学有效的学习方法，并逐渐培养和发展适合自己的语文学习能力（包括自学能力、抽象逻辑思维和创新能力等），广泛阅读，拓宽知识面，掌握各种文体的写作技巧，进一步提高自己的阅读、写作能力，改变过去局限于课文，依靠教师辅导甚至猜题的不良习惯。只有这样，才能真正把高中语文学好。

三、高中语文基本的学习方法

生活离不开语文，高雅的心灵生活更是出自美好语文的熏陶。语文学习是容易的：母语习得，自然天成；语文学习又是艰难的：微言大义，弦外有音。语文学习是有趣的：唐诗宋词，英雄美人；语文学习又是枯燥的：古文百篇，成语如山。语文学习是快乐的：风花雪月，刀枪剑戟；语文学习又是痛苦的：咬文嚼字，浩如烟海。

那么，如何才能学好语文呢?

1. 快乐地学习语文

语文和生活息息相关，热爱生活的人才会热爱语文，用心感悟生活的人才能体味出学习语文的乐趣。我们要培养自己对生活的真挚的爱，激发语文学习的兴趣。古人将学习分为三个境界：知之，好之，乐之。“知之”：走进语文，不抵触，不烦躁，方可初尝语文学习的甘霖；“好之”：日日操习，用心投入，不懈怠，不放弃，不因外界干扰而离开语文，方可欣赏语文的满天红霞；“乐之”：处处留心，养成习惯，言谈举止，一笑一颦，莫非语文能如此，方可进入语文的快乐世界。当你快乐地学习语文时，语文还会学不好吗?

2. 自主地学习语文

古人云：“观千剑而后识器，操千曲而后晓声。”强调的就是自主学习的重要。语文学习不同于其他学科的一个重要特点，就是教师的“教”不会直接提升学生的学习水平，而只能通过学生的自主学习、自求理解，才能逐渐达到“自会读书，自能作文”的境界。企图靠教师讲得好、深、透，学生只管默默聆听、记忆就会学好语文，这种想法是极端错误的。因此，有意识地培养自己的自学能力，做好自主学习规划，加大自主练习的力度，自奋其志，自求其通，也是一条极重要的语文学习规律。

3. 多方吸纳，善于模仿

“腹有诗书气自华”是我国古代知识分子的标准写照，常用来形容一个人如果饱读诗书，不仅会学识渊博，而且会自然表现出文人的优雅举止和翩翩风度。要培养出这种气质，在高中 3 年中，要下定决心广泛而深入地阅读，阅读时，要涵盖古今、包举文理、融会中外。举凡人类心灵智慧的结晶，能开眼界、除迷狂、启思维、美德行、富心灵者，均可大读特读。

另外，语文学习非常重要的一个阶段就是模仿，模仿的榜样应该是什么呢？当然是前贤今人的成功之作。茅盾背《红楼梦》、苏步青熟读《古文观止》的例证，当是大家熟知的。通过长期艰苦的积累，在头脑中建立起丰富的“语言范式”，运用这些“范式”，模仿着“说”，模仿着“写”，先求其“形似”，后求其“神似”，最后求其“超越”，这样，就不会再感到语文学习空泛、无力、不可捉摸。这种状态可以称为“胸有成竹”。久而久之，自会达到出口成章、妙笔生花的境界。

4. 文道并重，丰富思想情感

文以载道，言为心声。同学们学习语文的根本目的是什么？丰富心灵、明辨事理、完美生活。就是要从语文中继承博大精深的人类文化和人文精神，丰富自己的思想情感，锻炼自己的感性和理智。现实中，我们许多同学重技巧，轻思想，只会做题，从来不注意自己思想的吸纳和锻炼，其情思通常表现出两个缺陷：一是“浅”——情感幼稚化，思维平面化，既无深情，也无遐思；一是“窄”——生活面窄，导致了关注的主题窄，既少阅历，又缺大气。要纠正这两个缺陷，使自己的情思“深”、“广”，必须文道并重，以道领文，披文入道。重视对作品中思想情感的学习，提高自己的思想水平，使思想的深刻和语文素养的提高相辅相成。

5. 多思考，重感悟

孔子云："学而不思则罔，思而不学则殆。"《学记》也强调："慎思、审问、明辨。"就是要谨慎地思考，审慎地发问，明确地分辨。在语文学习中，要培养良好的思维习惯，首求自思：不论哪个学习环节、何种学习任务，决不盲目接受任何未经自己思考的东西，这样方可保持自主性，提高学习的兴趣，使多读有味、多写有效、积累有益；次求深思：决不浅尝辄止，而要多方追问，务求水落石出，直至原形毕露；后求善思：不钻牛角尖，而是随时以元认知策略①对自己的思维过程进行反思，克服情感干扰，理性分析和接受教师的点拨、同学的帮助，方可不断提升自己的思维品质，建立起融通、灵慧、深刻、严密的思维个性。

古诗云："心有灵犀一点通。"怎样才能做到对语文学习"心有灵犀"呢？首先，要广见博闻、反复尝试、积累范式，因为灵感总是出现在辛苦劳动之后的彩虹；其次，要养成联想和想象的良好习惯，力求"思接千载，视通万里"，决不压抑、束缚自己灵感的飞翔；再次，要努力营造平和清明而又跃跃欲试的心理状态，沉浸其中，体验品味，不急于求成；最后，要敢于相信自己的直觉，相信自己通过积累、模仿而形成的灵感思维的有效性。

经过多次成功的灵感闪现，就要总结自己感悟的角度、方式、条件，把它变成自己进一步学好语文的利器。

6. 跳出教材学语文

"语文学习的外延与生活的外延相等"，语文学习最终的成功，还在于学生在生活中能够灵活运用语文求生存、谋发展。我们在学习中必须跳出语文教材学语文。世事洞明皆学问，人情练达即文章。要把语文和生活联系起来，观察社会，留心身边事。要把语文和其他学科联系起来：从政治学科学习观察、思考问题的哲学方法，从

① 元认知策略是一种典型的学习策略，指学生对自己整个学习过程的有效监视及控制的策略。

历史学科学习成功人物的人生经验，从地理学科学习领略各国各洲的风土人情，从数学学科学习训练严密的推理逻辑，从理化学科学习体会细致的观察功夫，从美术音乐学科学习借鉴艺术鉴赏的规律和经验。

“生活是个大课堂”，我们要学好语文，再如过去“两耳不闻窗外事，一心只读圣贤书”，单纯依赖语文课堂是绝对不够的。这就要求同学们平日要多通过报刊、广播、电视、网络等视听媒介，了解国内外大事，接受更多的社会信息，并积极参加一些有益的社会实践活动和丰富多彩的语文课外活动，来弥补课堂学习的不足，巩固、加深和扩大语文知识，培养语文能力。生活是语文学习的源头活水，我们只有树立“生活处处有语文，处处留心学语文”的观念，才能把语文学活、学好。

7. “勤”——学习语文最重要的习惯

第一，勤读课外书籍。语文学习最重要的内容是读书。要学好语文，仅读几册教材是远远不够的，必须要大量地阅读课外书籍，从书中获取丰富的精神养料。勤奋读书，必须做到珍惜时间，抓紧分分秒秒。欧阳修善于利用“三上”的时间读书，即“马上、枕上、厕上”；郑板桥读书则利用“舟中、马上、被底”的零星时间读书背诵。古人勤奋读书的精神值得大家学习。

第二，勤做读书笔记。读书必须学会圈点勾画，学会做读书笔记，养成不动笔墨不读书的习惯。写读书笔记有助于培养勤于思考的习惯，提高思维的条理性和深刻性，有助于加深对读物的理解、记忆。做读书笔记有以下几种方法：（1）摘抄、摘录；（2）做卡片；（3）钩玄提要；（4）写读后感。

第三，勤查词典资料。读书要养成勤查字典、词典等工具书的习惯。工具书的种类很多，除了字典、词典外，还包括文献资料、索引等供查考使用的图书。最常用的工具书为字典、词典。如《新华字典》、《现代汉语词典》、《古汉语常用字字典》、《唐诗鉴赏辞典》、《宋词鉴赏辞典》等。工具书不仅可以在碰到疑难问题时查阅，而且可以做一般书籍一页一页地读下去，同样是大有益处的。建议高一学生在学期初应该至少配备《现代汉语词典（第5版）》、《古汉语常用字字典》。

第四，勤于朗读背诵。朗读、背诵是我国传统的学习语文的重要方法，是积累语言、培养语感的重要途径。朗读要做到吐字清晰、音准气足、节奏停顿合理，要有抑扬顿挫的韵律美，准确地表达出作者的情感。朗读人物的对话，要力求模拟出人物的心情、口吻，使人物形象活生生地站立在听者面前。朗读诗歌要铿锵悦耳，语势错落有致，节奏抑扬回环，具有音乐美。通过朗读，文章的内容、情感、文句的优美、汉语音的韵律，也都能体会出来了。背诵要下苦工夫：可以分层背诵；可以化整为零地背诵；可以先抓要点背诵，然后连贯地背诵。背出以后还要经常复习运用，这样就可以做到印象深刻，信手拈来。

第五，勤于独立思考。思考是掌握知识的中心环节。养成独立思考的习惯，首先要善于提出问题。思考是从问题开始的。因此，引起思考的最好办法就是多问几个为什么。其次要善于分析综合。分析就是深入到文章的内部分解剖析，将各部分的个别特征区分开来，并加以比较和鉴别，从而对学习的内容有深透的了解和认识。对所读的书要分解成若干部分，然后逐一剖析。综合则是在分析的基础上把各部分联系起来加以认识从而把握整体。再次，培养独立思考的习惯要克服不良的思维定式，防止思想的僵化。所谓思维定式，就是一种固定的思维模式。好的思维定式可以使学习和问题解决变得容易、迅速；不良的思维定式则会束缚人的思想，难以有所发现和创造。要善于从固有的思路中跳出来，变换角度去思考，这样往往会有新的思想。

第六，勤于求教探讨。要学好语文，就必须养成求教于人的习惯。不学不成，不问不知。凡是不懂的、有疑惑的、把握不准的，都应当勇于向别人请教，问老师，问同学，问家长，问一切可能了解情况的人。学习需要谦虚，还需要有追根究底的精神，不能浅尝辄止。因此在学习过程中，还要善于探讨、研究，甚至是激烈的争辩。“独学而无友则孤陋而寡闻。”我们要主动参与到学习的思考与讨论之中，融入到学习的大环境中，主动地用口进行述说、用笔进行倾吐，把自己的所学、所思、所悟表达倾吐出来，与同学分享、与老师沟通，这样也才能够获得更深刻的理解，并得到进一步的讨论指导与深化。

第七，勤于写随笔。随笔就是把自己的所言所行、所见所闻、所思所感有选择、有重点地记录下来，可以是日记或者周记。随笔对积累写作材料、储存知识的重要作用是显而易见的。随笔不但形式十分灵活——可长可短，可叙可议，可描写，可抒情，可说明，而且内容非常广泛——可以海阔天空，无所不谈。写随笔主要是为了练笔，练习对客观事物的表现力和对自己思想感情的表达能力。因此，只要有利于练笔的都可以写。写随笔要注意把观察能力的训练和感受能力、思考能力的训练结合起来。随笔往往记的是身边的琐事，但要注意从这些琐事中表达出自己的思想感受，反映出自己的观点、看法。许多好的随笔就是把一些不引人注意的小事、琐事写得具体、生动，并能从中揭示出一定的道理而被人称颂的。写随笔一定要坚持写真事，说真话，抒真情，真正做到“我手写我心”。

良好学习习惯的养成要有坚强的毅力，要持久地有意识地培养。只要有决心，良好的习惯就一定能养成。而且，它对人的一生将是一笔巨大的财富，终身享用不尽。

四、提高写作能力的具体方法

（一）读、写积累，使作文有话说

很多同学怕写作文，常常为此苦恼。究其原因，主要表现在两个方面：有的苦于没有东西写，有的不知道怎样串成文章。高中生要想提高写作能力，必须从积累材料和训练表达两方面入手。

要写好作文，语言材料和生活感悟的积累是基础。只有厚积，才能薄发。同学们积累材料，通常可以采用以下途径。

1. 阅读与摘记

这里的阅读不仅仅是指语文课内的阅读，更不等同于语文教材的学习，还包括大量的课外阅读。对于一本好书，要反复诵读，在读中自悟，在读中自得，记住其中的要点、自己的感受以及好词佳句、古诗名句和名人名言等，分门别类地摘录在笔记本上。再对这本书其他内容进行快速的浏览，得到想要的要点或具体的信息，就停下来，把它们记下。读完全书以后，回顾全文内容，根据要点列成提纲，从而整体把握。英国著名科幻小说作家儒勒·凡尔纳为了积累写作材料，曾写了几百本读书笔记，摘录了两万多张卡片。这种积累与他日后写作能力的养成是分不开的。

2. 观察与思考

作文源于生活。我们身边每天都在发生着许许多多的新鲜事，可惜，有些同学对此视而不见，听而不闻。可见，无材可写的根源是不善于观察。同学们观察时应调动一切感官，充分运用视觉、听觉、触觉、味觉、嗅觉，进行细致的观察。对观察到的现象，要给自己多提几个问题，多问几个为什么，并勇于向别人请教，要进一步分析、综合、比较、判断，以获取更全面、更深刻的认识，有收获的就记下来。掌握了大量的语言材料与生活素材，就为写作做好了准备。

3. 每日一忆，每周一记

坚持写日记确实能有效地提高同学们的作文能力，但也会加重同学们的课业负担。“每日一忆”改“记”为“忆”，只要求同学们在入睡前，把一天中经历的事回想一下，把有意义的事情挑选出来，想想可以写成什么作文。如果碰到自己特别感兴趣又有把握写好的素材，就写成周记。平时至少应该做到多读、多写、多想、多问，积累一切同语文有关甚至看似无关的知识，应该有一个“零存整取”的语言存折（精致便携的小本子），把平时看到的、听到的、想到的所有美妙有趣的语言素材统统存放进去，使之“滚雪球”般日渐膨胀、壮大、丰富、充实，到时候素材丰富了，练笔时自然觉得酣畅淋漓。

（二）六把金钥匙，帮你开阔写作思路

不少同学拿到作文题，常常脑中一片空白，什么也想不起来。这是没有打开作文思路所致。其实，只要我们讲究方法，审题立意关自然就容易攻克，写作材料也就会信手拈来，如此，又怎么会写不好作文呢？

1. 置换法

（1）如果所给的作文题目、话题或材料是借喻性质的，那么这时就可使用本体去置换喻体。如2008年山东省高考作文题：

请以“春来草自青”为话题，写一篇不少于800字的文章。

要求：①自拟题目。②自定立意。③除诗歌外，文体不限。④文体特征鲜明。

命题人给了我们比喻的喻体，本体呢？思考可知道“春”的本体可以是信心，可以是毅力，可以是机遇，也可以是改革，是友谊，是爱心，是互助，是合作，是诚信，等等。“草自青”的本体可以是欣欣向荣的局面，可以是辉煌的成功，也可以是双赢的结果，等等。我们展开联想，用一个又一个的本体去置换喻体，写什么的问题也就立刻解决了。

（2）如果所给的作文题目或话题中的相关词语具有多义性，那么这时可用具有单一语义的词语置换具有多义的词语。如2008年重庆市高考作文题：

《现代汉语词典》对“自然”的释义有：①自然界。②自由发展；不经人力干预。③不勉强；不局促；不呆板。……

请以“在自然中生活”为题目，写一篇文章。

要求：①立意自定。②除诗歌外，文体不限。③不少于800字。④不要套作，不得抄袭。

以“在自然中生活”为题目，“自然”怎么理解？这是立意的关键。命题人想我们之所想，给了我们三个义项进行诠释。我们只要用其中的一个义项去置换“自然”，那么也就容易打开思路，迅速立意。如果“自然”是指自然界，那么“在自然中生活”，也就是在自然界中生活，这样我们可以谈环保等。如果“自然”是指自由发展，不经人力干预，那么“在自然中生活”，也就是在自由发展中生活，这样我们可以谈教育中的张扬、发展个性等。如果“自然”是指不勉强，不局促，不呆板，那么该如何理解呢？我们可以通过造句的方式来看一看：态度很自然；他是初次演出，但演得挺自然。这么说来，“在自然中生活”，也就是大大方方，也就是凡事能够深入进去融入其中。明白了这些，我们谈什么，也就一目了然了。

（3）如果所给的作文题中含有代词，那么这时可用代词所指的事物去置换作文题中的代词。如2011年山东省高考作文题：

请以“这世界需要你”为题，写一篇不少于800字的文章。

要求：①自定立意。②除诗歌外，文体不限。③文体特征鲜明。

“这世界需要你”这个题目，出现了“这”和“你”两个代词，我们首先要考虑“这世界”是一个什么样的世界，从这个角度思考，可以想到世界中地理上的距离越来越小、世界在不断发展、环境问题越来越严重、世界不太平，等等。“需要你”中的“你”指我们青年学子以及我们所具有的品质或付出的行动，如宽容、坚强，需要我们创新、需要我们维护绿色世界等。这么一置换，自然也就打开了思路。

2. 补充法

所谓补充法，是指通过给标题或话题补出相关的句子成分来打开思路的方法。如2008年安徽省高考作文题：

请以“带着感动出发”为题，写一篇不少于800字的文章。

要求：①立意自定。②文体自选。③不得抄袭，不得套作。④不得透露个人相关信息。⑤书写规范，正确使用标点符号。

打开思路，写好“带着感动出发”，需要思考三个问题。一是谁带着感动出发。也就是补出标题的主语，可以是你（你们），可以是我（我们），可以是他（他们）。二是什么样的感动，或者说是为什么感动。联系实际，汶川大地震中，老师舍生救学生，我们为之感动；救援人员不怕疲劳，日夜奋战，我们为之感动；群众排队捐款、献血，我们为之感动。具体到个人，温总理第一时间在第一线指挥，我们感动；民警蒋小娟为灾民的孩子喂奶，我们感动。让人感动的原因很多，让人感动的事例很多。三是带着感动出发的结果。带着感动出发，其结果将产生更多的感动，从而使更多的人带着感动出发！

3. 扩展法

如2008年湖南省高考作文题：

阅读下面的文字，按要求作文。

“天街小雨润如酥，草色遥看近却无”是唐代诗人韩愈的名句。诗句的意思是说，在滋润如酥的初春细雨中，春草发芽，远远望去，一片淡淡的绿色，可是走近后，却只见到极为稀疏的草芽，绿色反而感觉不到了。诗句的意境是美的，隐含的哲理也很丰富。它使我们领悟到：置身太近，有时反而感受不到实际存在的东西；要把握某一事物，有时需要跳出这一事物；人对事物的看法与对美的感受同距离是有关系的……其实，生活中的许多事物和现象都含有这两句诗的意境与哲理，关键在于你的观察和体会。

请根据自己阅读诗句所体会到的意境与哲理，联系现实生活，写一篇不少于800字的议论文或记叙文。

【注意】①立意自定，题目自拟。②不要照抄或扩写材料。③所写文章符合文体要求。

如何立意？命题人已经给了我们三个角度，我们可以与现实生活相联系，看哪一个认识深刻，哪一个自己心中有材料，我们就用哪一个。除此之外，还可以谈从全局把握问题，才能看得清，看得准；还可以谈在思想上先做一个冷静的旁观者，才能搞清事实真相，从而做一个能够正确解决问题的参与者，等等。

4. 变换角度法

一些材料作文往往需要从不同角度对所给材料进行审视，以发现能够打开我们思路的角度。如2008年高考全国卷Ⅱ：

南太平洋的小岛上，有很多绿海龟孵化小龟的沙穴。一天黄昏，一只幼龟探头探脑地爬出来。一只老鹰直冲下来要叼走它。一位好心的游客发现了，连忙跑过去赶走老鹰，护着小龟爬进大海。可是，意想不到的事情发生了，沙穴里成群的幼龟鱼贯而出——原来，先出来的那只幼龟是个“侦察兵”，一旦遇到危险，它便缩回去，现在它安全到达大海，错误的信息使幼龟们争先恐后地爬到毫无遮挡的海滩。好心的游客走了，原先那只在等待时机的老鹰又飞了回来，其他老鹰也跟过来了。

要求：选择一个角度构思作文，自主确定立意，确定文体，确定标题；不要脱离材料内容及含意的范围作文，不要套作，不得抄袭。

看了这则材料，谁都知道游客是好心办坏事。为什么会这样呢？是因为无知。如果知道幼龟是“侦察兵”的话，自然也就不会帮倒忙了。现实生活中这样的事例也不少。“文革”时期的围湖造田、毁林造田，都是典型。拿现在来说，许多家长不懂教育规律，只抱着为孩子未来着想的美好心愿，对孩子实行棍棒教育，严重违反了《中华人民共和国未成年人保护法》，使孩子的身心受到极大伤害。许多地方领导，不懂市场不懂企业，只抱着船大才能抗风浪的观点，盲目要求企业一再扩张，结果使很多企业破产倒闭。

从成群的幼龟这个角度来说，它们没有对得到的信息进行思考，只是绝对相信，才造成了被老鹰叼走的悲剧。这提示我们，要善于动脑思考，综合考虑各种渠道得来的信息，这样才能得出正确结论。如果不是这样，而是听见风就是风，听见雨就是雨，又怎么不会吃亏上当呢？

从老鹰这个角度来说，为了达到目的，即使遇到了挫折，也不放弃，而是在耐心等待时机。如果被游客赶走就不再前来，那么自然也就不能够捕捉到幼龟了。它们不仅在游客走后又来了，而且还耐心等待，结果收获了抓捕幼龟的机会。这对于我们人类来说，不也是一种启示吗？

5. 关键词句把握法

对材料作文来说，有时抓住了概括性极强的词语或句子，也就能够把握命题人的意图，从而顺利确定作文立意。如2008年高考全国卷Ⅰ：

阅读下面的文字，根据要求写一篇不少于800字的文章。

2008年5月12日14时28分，四川省汶川县发生里氏8.0级特大地震。

人民的生命高于一切！

胡锦涛、温家宝等党政军领导人迅速赶赴灾区指导抗震救灾。

十多万解放军、武警和公安民警，各省市的救援队、医疗队、工程抢修队迅速进入灾区。港台救援队和国际救援队飞抵灾区。志愿者从四面八方汇聚灾区。救援物资从水陆空源源不断运进灾区。

一位中学教师趴在讲台上用生命保护了下面的四个学生。一位失去15个亲人的县民政局局长连续指挥救灾5天只睡了7个小时。幸存者的生还奇迹在不断突破，100小时、150小时、196小时……

中央电视台24小时播报。19日14时28分举国哀悼。

一样的爱心，不一样的表达。捐款、献血、义演、关注……

要求：选择一个角度构思作文，自主确定立意，确定文体，确定标题；不要脱离材料内容及含意的范围作文，不要套作，不得抄袭。

所给的材料说的是什么呢？有两个句子值得我们注意：一是“人民的生命高于一切”，一是“一样的爱心，不一样的表达。捐款、献血、义演、关注……”。我们想一想，围绕这两条，发生了多少可歌可泣的故事啊！解放军救援的故事，国际救援队救援的故事，教师用生命保护学生的故事，还有我们捐款、献血的故事等，都值得我们去写。这些故事，都可以写得生动感人，让人激动得落泪。如果写成议论文，应该注意选择那些典型感人的事例，在叙述的时候要饱含浓烈的感情，争取在以理服人的同时，以情感人。

6. 换位法

如2008年江西省高考作文题：

阅读下面的文字与漫画，按要求作文。（漫画此处略）

2007年，洞庭湖大水导致20亿只田鼠大迁徙，所过之处农田一片狼藉。专家认为，田鼠为害之烈，原因之一是人类热衷于吃野味，导致田鼠的天敌（蛇、猫头鹰、黄鼠狼等）数量急剧下降。

根据上述材料，请你为田鼠或田鼠的天敌代拟一封给人类的信。

要求：①必须按书信格式作文。②题目自拟。③所有内容必须与给定的材料相关。④不少于800字。⑤不得抄袭、套作。

代拟书信，自然需要换位思考。只有换位思考，才能写得贴切、写得逼真。以田鼠的口吻给人类写一封信。写什么呢？写感谢，感谢人类吃掉了自己的天敌，使自己得以迅速繁衍。要注意，写得越是情真意切，对人类的讽刺意味才愈大愈强。可用正反对比手法来写，写人类没有吃自己的天敌时自己的悲惨处境，写自己的天敌被人类吃光时自己的欢欣鼓舞。不妨用勾勒法，写得形象、写得有趣。

以田鼠的天敌的口吻给人类写一封信。写什么呢？写人类的不理智。因为自己被吃掉，才有了今天这种田鼠泛滥横行的局面。还可以推断，总有一天，田鼠会代人类将所有田里的粮食全部吃光，那个时候，人类悔悟也已经晚了。最后要规劝人类深刻反省，认识到保护田鼠的天敌就是保护自己。

平常写信，都是写给亲戚朋友，也就是现实生活中的人，现在却是以田鼠或田鼠的天敌的口吻来写，只要学生展开想象的翅膀，一定能够写得别开生面，让人喜欢！

最后需要指出的是，我们分别介绍的这六种打开作文思路的方法，是为了行文的方便。实际应用时，往往是两种或多种方法综合运用。只有如此，我们的思维才会处于活跃状态，从而顺利通过审题立意关，将作文写好！

科学的学习方法好比一把利剑，可以让你在书山里披荆斩棘，一路攀登，顺利登顶。科学的学习方法、良好的习惯是一双大桨，使我们在浩瀚的海洋中尽情畅游。广泛阅读，夯实基础，勤于积累，稳步提高。希望我们刚刚进入高一的同学，尽快适应高中语文学习生活，为提高语文水平孜孜以求，扩大读写量，提高读写效率，课堂上主动参与，针对语文内容进行有效的学习，不断摸索适合自己的学习方法，时刻保持同语言文字的最亲密接触，时刻保持对语言文字所传达的人类共同的美好情感和卓越智慧的零距离接触。踏踏实实地付出，才有最终的美好收获。

附件：

普通高中语文新课程模块简介

普通高中语文新课程学习内容分为必修和选修两部分。必修和选修课程均按模块组织学习内容。每个学期分两段，每一学段（约10周）完成一个模块的学习。模块开设方案一般操作如下：高一四个学段完成必修一至必修四；高二第一学段完成必修五，第二到第四学段进行选修模块（“语言文字应用”、“中国古代诗歌散文欣赏”、“中国现代诗歌散文欣赏”等）的学习；高三上学期进行两个选修模块的学习（也可分散到别的时间进行），下学期自主安排。

一、必修部分

必修内容共五册，每一册都分为“阅读鉴赏”、“表达交流”、“梳理探究”、“名著导读”四个部分。

1. 阅读鉴赏

“阅读鉴赏”包括“精读课文”和“略读课文（用*号标出）”，同时还有“扩展阅读”和“名著导读”，从而形成从课内到课外、校内到校外、单篇文章到整本书互相回环结合的阅读系列。为避免课内学习分量过重，“扩展阅读”部分单独成册，供学生在课外选读，使学生得法于课内，获益于课外。

每册的“阅读鉴赏”部分都安排了四个单元。其中，两个单元侧重于“品味与赏析”，另外两个单元分别侧重于“思考与领悟”、“沟通与运用”。每个单元根据文体编排，一般有三到四篇课文，分精读和略读，部分做课堂教学文选，其余的供学生课外阅读。

每册“阅读鉴赏”部分的四个单元都分别由“单元提示”、“课文”、“研讨与练习”三个部分组成。“单元提示”简要说明单元教学要求以及学习重点、难点与学习方法，所选课文大都是名家名篇，注重经典性，同时兼顾时代性，适合高中语文教学和高中学生的接受水平。

2. 表达交流

“表达交流”部分包括“写作”与“口语交际”两个板块。

教材中关于“写作”的教学内容实际上有三个子系统：首先是集中独立的写作专题，每册共安排了4个专题，5册共20个专题；第二个系统是与阅读整合在一起，在每篇课文后的“研讨与练习”中安排相应的写作练习，写一些读书笔记，强调读写结合；第三个系统与“梳理探究”整合在一起，安排了一些带有综合性、研究性的写作练习。这样安排有利于引导学生进行初步的研究思考，同时引起学生更为浓厚的写作兴趣。

教材中关于“口语交际”的教学内容也包括三个子系统：一是每册设计一个专门的口语交际单元，分别是朗诵、演讲、讨论、辩论和访谈。活动的设计强调具体情境的设置，少讲理论知识，多给学生以实际锻炼的机会。二是结合“阅读鉴赏”部分的课文学习，安排相关的口语交际练习，如朗读、背诵、复述、讨论等。三是在“梳理探究”中的专题实践活动中设计相应的口语交际练习。

3. 梳理探究

教材中“梳理探究”部分实际上是一些语文专题活动，这些活动有的侧重于对学生以前在语言、文学、文化等方面所学过的内容进行梳理，便于在长期积累基础上的巩固和整合；有的属于专题研究，重在引导学生自主思考、合作探究一些问题，培养创新精神和实践能力。这些专题活动要求学生在教师指导下进行，不同地区、不同学校可以有选择地开展。

4. 名著导读

为了落实《普通高中语文课程标准（实验）》中的“关于课外

阅读的建议”，教材还安排了“名著导读”栏目。每册教材介绍两部名著，以中外文学名家名著为主，其中部分与学过的课文内容衔接。“名著导读”分为“背景介绍”、“作品分析”和“思考与探究”三部分，主要是激发学生的兴趣，引导学生在课外阅读，养成阅读经典和优秀作品的习惯。

二、选修部分

选修课程设计五个系列——诗歌与散文，小说与戏剧，新闻与传记，语言文字应用，文化论著研读。每个系列可设计若干模块。学校按照各个系列的课程目标，根据本校的课程资源和学生的需求，有选择地设计模块，开设选修课。

三、《普通高中语文课程标准（实验）》关于高中语文新课程诵读篇目和课外读物的建议

1. 关于诵读篇目的建议

先秦散文，如荀子的《劝学》、庄子的《逍遥游》等；

唐宋散文，如韩愈的《师说》、杜牧的《阿房宫赋》、苏轼的《赤壁赋》等；

《诗经》，如《氓》等；

《楚辞》，如《离骚》等；

唐诗，如李白的《蜀道难》、杜甫的《登高》、白居易的《琵琶行》、李商隐的《锦瑟》等；

唐、宋词，如李煜的《虞美人》、苏轼的《念奴娇·赤壁怀古》、辛弃疾的《永遇乐·京口北固亭怀古》等；

白话诗文，由教材编者和任课教师推荐。

2. 关于课外读物的建议

课外读物包括适合高中学生阅读的各类图书和报刊。对此提出如下建议：

文化经典著作，如《论语》、《孟子》、《庄子》等；

小说，如罗贯中的《三国演义》、曹雪芹的《红楼梦》、鲁迅的《呐喊》、茅盾的《子夜》、巴金的《家》、沈从文的《边城》、

塞万提斯的《堂·吉诃德》、雨果的《巴黎圣母院》、巴尔扎克的《欧也妮·葛朗台》、狄更斯的《匹克威克外传》、列夫·托尔斯泰的《复活》、海明威的《老人与海》、莫泊桑短篇小说、契诃夫短篇小说、欧·亨利短篇小说等；

诗歌散文，如郭沫若的《女神》、普希金诗、泰戈尔诗、鲁迅杂文、朱自清散文等；

剧本，如王实甫的《西厢记》、曹禺的《雷雨》、老舍的《茶馆》、莎士比亚的《哈姆雷特》等；

语言文学理论著作，如吕叔湘的《语文常谈》、朱光潜的《谈美书简》、爱克曼的《歌德谈话录》等；

当代文学作品，建议教师从近年来发表的各类中外优秀作品中选择推荐；

科学与人文方面的各类读物可由语文教师和各有关学科教师商议推荐。

第二节　数学学习方法指导

一、高中数学的学科特点

数学是一门演算的科学。其中，“演”表示演绎，“算”表示计算或算法，“演算”表示演与算这对矛盾的对立统一。“计算与证明”是我们数学学习的两项主要任务和特点。“证明”是从一定的前提，即由基本概念和公理出发，按照逻辑规则所进行的一种演绎推理。“演绎”正可以反映“证明”这一特点，而“运算”显然更可以直接反映“计算”或“算法”及其特点。

新课程标准下的高中数学教材除具有数学学科的抽象性、系统性和逻辑性特点之外，还具有明显的数学知识的独立性、知识内容剧增性、学科知识综合性、实用性等显著特点。

1. 数学语言的抽象性

数学的抽象性表现在对空间形式和数量关系这一特性的抽象。它在抽象过程中抛开较多的事物的具体的特性，因而具有十分抽象的形式。它表现为高度的概括性，并将具体过程符号化。

初高中的数学语言有着显著的区别。初中数学主要是以形象、通俗的语言方式进行表达。而高一数学一开始就触及“集合”、“映射f：A→B”、“函数$y=f(x)$的概念”等更为抽象的知识，抽象函数的出现，更使数学的抽象性达到了空前的高度。此外，立体几何也削弱了直观性而突出了抽象性和空间的想象能力。这就是说，思维要从直观、经验型向抽象、理论型过渡。

2. 数学知识的系统性

数学中的每一个概念、性质、公式、法则、公理、定理等构成了数学的基础知识，运用这些基础知识去讨论数量关系和空间形式，形成了基本方法、基本技能。这些数学知识的形成是连贯的、不可分割的，一个概念或定理、公式、法则的形成是产生新知识的开始，新知识的产生将对以往知识起到补充、丰富的作用。一节课、一个单元知识的缺失都将对后续知识的学习造成巨大的障碍，表现出了数学学科知识的高度的系统性。

3. 数学知识的逻辑性

数学知识源于数学概念，数学概念产生于社会实践生活。从社会生活实践中提炼数与形产生概念，由概念的内涵与外延得到性质，由性质推出公式与法则，再运用公式与法则解决实际问题，从而形成数学知识的逻辑体系。公理化逻辑演绎体系是数学中最突出的推理体系，是所有数学证明的逻辑基础。数学发展到今天，可以认为它是一门“内容具体、形式抽象、理论严谨、结论确定、应用广泛、方法精巧和地位特殊”的一门基础科学。

就数学与其他学科相比较而言，严密的逻辑性也是其重要特点之一。

（1）数学教材是严格地按逻辑顺序编排的，部分内容还采用了分段强化、螺旋式上升的逻辑编排。

（2）高中数学学习的核心目标是培养逻辑思维能力，它具有不可替代性。

（3）数学学习本身对培养逻辑思维能力有着特殊的作用。这是因为在数学学习中要进行大量的推理证明，而推理证明必须合乎逻辑要求。

4. 数学知识的独立性

初中数学教材的主要内容可以概括为：数、式、方程、函数，平面几何图形及性质，三视图、柱、锥、球和统计概率等内容。而高中数学教材的主要内容可概括为：函数、三角函数（含三角恒等变换、解三角形）、数列、不等式、平面解析几何、立体几何、概率统计、导数，以及向量、算法语句、逻辑用语、推理证明、复数等，这些知识构成了高中数学内容的主体，并构成了相对独立的知识体系。

5. 数学知识的综合性

高中数学知识的独立性与综合性是辩证统一的，各章节虽是相对独立，但彼此之间又是相互联系、知识点相互交汇，体现了较强的综合性。函数是高中数学知识的主线，它贯穿于高中数学学习的始终，函数的概念、性质渗透在各章节的学习中。函数与方程、导数、不等式、应用问题构成了数学综合性题目的基本素材，平面向量与三角、平面向量与解析几何、立体几何与空间向量、数列与不等式、推理证明等都凸显了数学知识的综合性。

6. 知识内容的剧增性

与初中数学又一个明显的不同是，高中数学知识内容在“量”上急剧增加了，单位时间内接受知识信息的量也增加了许多，而辅助练习、消化的课时却相应地减少了。高中数学教材按模块编写，文科必修＋选修共 7 个模块，理科必修＋选修共 8 个模块，按每学期两个模块授课，每个模块 36 个课时，高二结束全部课程内容，高三进入全面的总复习。以周课时 4 节计，要完成学习任务异常艰巨。

7. 数学知识的实用性

客观世界和现实生活中充满着数学，数学就在我们身边。数学知识的应用是广泛的，除了数学自身领域的广泛应用外，大至宏观的天体运动，小至微观的质子、中子的研究，生命科学，以及社会经济学都离不开数学知识。马克思曾指出：“一门科学只有成功地应用了数学时，才算真正达到了完善的地步。”

二、初高中数学差异与衔接

1. 课程目标的差异与衔接

初中数学课程的总目标是通过义务教育阶段的数学学习，学生能够：

① 获得适应未来社会生活和进一步发展所必需的重要数学知识（包括数学事实、数学活动经验）以及基本的数学思想方法和必要的应用技能；

② 初步学会运用数学的思维方式去观察、分析现实社会，去解决日常生活中和其他学科学习中的问题，增强应用数学的意识；

③ 体会数学与自然及人类社会的密切联系，了解数学的价值，增进对数学的理解和学好数学的信心；

④ 具有初步的创新精神和实践能力，在情感态度和一般能力方面都能得到充分发展。

高中数学课程的总目标是：使学生在九年义务教育数学课程的基础上，进一步提高作为未来公民所必要的数学素养，以满足个人发展与社会进步的需要。具体目标如下。

① 获得必要的数学基础知识和基本技能，理解基本的数学概念、数学结论的本质，了解概念、结论等产生的背景、应用，体会其中所蕴涵的数学思想和方法，以及它们在后续学习中的作用。通过不同形式的自主学习、探究活动，体验数学发现和创造的历程。

② 提高空间想象、抽象概括、推理论证、运算求解、数据处理等基本能力。

③ 提高数学地提出、分析和解决问题（包括简单的实际问题）的能力，数学表达和交流的能力，发展独立获取数学知识的能力。

④ 发展数学应用意识和创新意识，力求对现实世界中蕴涵的一些数学模式进行思考和作出判断。

⑤ 提高学习数学的兴趣，树立学好数学的信心，形成锲而不舍的钻研精神和科学态度。

⑥ 具有一定的数学视野，逐步认识数学的科学价值、应用价值和文化价值，形成批判性的思维习惯，崇尚数学的理性精神，体会数学的美学意义，从而进一步树立辩证唯物主义和历史唯物主义世界观。

2. 教学目标的差异与衔接

初中的教学目标是：知识技能，数学思考，解决问题，情感态度。高中阶段在初中的基础上发展扩充为三维教学目标：知识与技能，过程与方法，情感、态度与价值观。显然，高中的教学目标更重视“数学知识发生、发展、形成的过程，及数学方法的运用，并且重视学生价值观的形成”。

3. 知识差异与衔接

高中数学知识是在初中知识基础上的提高和扩充，其显著特点是知识量增大、理论性增强、系统性增强、综合性增强。初中数学与高中数学的知识差异主要表现为以下几个方面。

（1）数式及运算的差异与衔接。

初中阶段将数推广到了实数，运算在加减乘除的基础上学习了乘方、开方和指数运算（整数指数）；代数式重点是有理式，根式只学习了二次根式和三次根式。

高中阶段将把数的范围推广到复数，幂指数将推广到实数（重点有理数），根式也将推广到任意次根式，并通过分数指数幂将指数运算与根式运算结合起来；另外，还要在指数的基础上学习对数及对数运算。

（2）方程的差异与衔接。

在初中我们学习了一元一次方程和一元二次方程、二元二次方程、分式方程与无理方程及二元一次方程和二元二次方程组。

高中的重点是用二元一次方程表示直线，用二元一次方程组表示平面区域，进而讨论简单的线性规划问题。用二元二次方程表示曲线，依此研究曲线的概念、性质及应用。

（3）不等式的差异与衔接。

在初中我们只学习了不等式的三条基本性质和一元一次不等式及一元一次不等式组的求解。

在高中我们将系统地研究不等式的概念、性质、求解、证明和含绝对值的不等式，以及在初中基础上学习一元二次不等式、高次不等式、分式不等式、无理不等式、指数不等式、对数不等式、三角不等式等。

（4）函数的差异与衔接。

在初中我们只是较简单地学习了一次函数、反比例函数、二次函数的定义、图象、性质，并且其性质的研究只限于直观研究。

在高中我们将系统地研究函数的概念、图象、性质（单调性、奇偶性、周期性、对称性、最大最小值），并在初中基础上学习指数函数 $y=a^x$（$a>0$，$a\neq1$），对数函数 $y=\log_a x$（$a>0$，$a\neq1$），幂函数 $y=x^a$，三角函数 $y=\sin x$、$y=\cos x$、$y=\tan x$ 的定义、图象、性质和应用，以及由这些基本初等函数复合成的复合函数，而且通过学习能解决较简单的实际问题。

（5）含有参数的函数、方程、不等式的差异与衔接。

含有参数的函数、方程、不等式在初中只作最简单的要求，只限于定量的研究。

这部分内容在高中则是重点，尤其是与方程、函数、不等式结合在一起，常需转化和分类讨论。这更有利于培养学生的数学思维。在方程思想中，设、列、解、答仍然是高中数学的重要基础。

（6）平面几何的差异与衔接。

在初中我们比较系统地研究了平面中两条直线的位置关系，三角形、四边形的性质和判定以及圆的一些基本知识；所用的研究方法是以公理为基础，直接根据图形之间的相互关系进行研究。

在高中将借助于直角坐标系用方程表示曲线，通过方程研究平面中的直线、圆、椭圆、双曲线、抛物线及其之间的位置关系——平面解析几何。

（7）立体几何的差异与衔接。

在初中我们只是直观地学习了棱柱、圆柱、圆锥、球的形状、截面，及棱柱、圆柱、圆锥的表面展开等问题。

在高中我们将系统地研究空间线面位置关系、判定和求解，及一些简单几何体的概念、性质等；并通过学习空间向量，用代数的方法进行空间线面位置关系的研究和对角、距离进行定量求解。

（8）概率与统计的差异与衔接。

在初中我们只是初步、直观地学习了概率统计的最基本的概念知识。

在高中我们将进一步学习统计、概率、概率分布、统计案例，对有关知识进行理论化、系统化，并作深入探讨。

（9）新增内容的差异与衔接。

高中阶段还将学习以下知识：集合、三角函数及恒等变换、解三角形、平面向量、数列、简易逻辑、导数及其应用、复数、空间向量、计数原理、概率分布等，还要进行一些研究性学习。

4. 思维方式的差异与衔接

初中数学的思维方式更趋向于直观形象和合情推理。初中数学中，题目、已知和结论用常数给出的较多，一般来讲，答案是常数和定量。学生在分析问题时，大多是按定量来进行，这样的思维和问题的解决过程，要求的是具体性和单一性。

而高中数学的思维方法更趋向于抽象和理性。高中数学对数学思想、数学方法的要求较高，要求我们能从多角度、多方面思考问题，在创新能力、应用意识上有更高的要求。在高中数学学习中，我们将会大量地、广泛地应用代数的可变性去探索问题的普遍性和特殊性。

5. 学习方法的差异与衔接

初中的课堂，教师讲得细，类型归纳得全，练习得熟，考试时，学生只要记准概念、公式，理解教师所讲例题类型，一般就可取得好成绩。因此，学生习惯于围着教师转，往往缺乏独立思考和对规律的归纳总结。

而高中则着力提高学生的自主学习能力，提倡主动探究的学习方法。进入高中以后，学习密度、难度及作业量猛增，极易感到学习压力之重，所以我们必须意识到重新调整自己的学习方法的必要性。在学习上力争做到“三个超前”：超前想、超前做、超前提问；在课下要学会“三种复习”：课后及时复习、每一单元及时复习、章节考前及时复习；做作业做到“三项要求”：先复习后做作业，作业卷面做到规范整洁，出现错解做到查明原因再重做。由此，在学习中做到：知其然，更知其所以然；明其理，还要产生自己的想法；知一点，懂得一片；能创造性地提出新思路、新见解、新问题、新结论。

三、高中数学学习方法

数学学习最关键的是态度问题，我们只有坚持不懈地想学好它，才会在不知不觉中想尽方法而且不惧困难地提高数学成绩。其次要相信自己，一定能学好，它没有一般人想象的那么难。当然仅仅“想学”是不够的，还必须“会学”，要讲究科学的学习策略和学习方法，培养良好的学习习惯，提高学习效率，才能变被动学习为主动学习，才能提高学习成绩。

1. 掌握规律

数学学习是有规律可循的，其基本的学习规律是：从每一节课最基本的数、式、概念、公式、定理、性质等学起，牢固掌握这些基础知识，以及与之相对应的基本题型、解题运用的基本方法，形成基本技能。在此基础上，再进行延伸、拓展、变式训练与综合训练。由此推进到一个单元、一章、一个知识系统，以至延伸到整个数学学科的学习。

2. 规范做题

数学学习中有一条克敌制胜的法宝就是多做题，文史学科中的“读书破万卷，下笔如有神”意同此理。美国《新数学丛书》的序言中写道：“学数学最好的方法是做数学”，数学能力最根本的体现就是解题能力。著名的数学家、莫斯科大学教授 C. A. 雅洁卡娅曾在一次向数学奥林匹克参赛者发表“什么叫解题”的演讲时提出：“解题就是把要解的题转化为已经解过的题。”数学的解题过程，就是从未知向已知、从复杂到简单的化归转换过程。当然，做题还应规范，只有把多做题与规范做题结合起来，我们才能取得好成绩，才能学好数学。此处的规范做题并非简单地指格式规范，而是要遵循以下几个步骤。

（1）审题是解题的关键。数学题是由文字语言、符号语言和图形语言构成的，拿到题目要“宁停三分，不抢一秒”，要在已有知识和解题经验基础上，逐字逐句地仔细审题，细心推敲，切忌题意不清，仓促上阵。审数学题有时须对题意逐句“翻译”，将隐含条件转化为明显条件；有时须联系题设与结论，前后呼应挖掘构建题设与目标的桥梁，寻找突破点，从而形成解题思路。

（2）解题时，一开始就要注意解题格式。注意数学语言中因果关系的表达，写出由因导果的逻辑推理过程，运算步骤要表达完善、严谨。克服由特例代替一般性的推理，克服推理和证明过程中的跳大步。解题遇到困难时，要看已知条件是否运用合理、隐含条件是否挖掘出、约束条件是否注意到、变式转换是否等价、运算推理是否准确等，以求问题得到解决。

（3）解题时，要以通性通法为主。解题时，在数学方法的选取上一定要尽可能把问题转化到能用基本数学方法解决的问题上，即我们常用的配方法、换元法、待定系数法、定义法、数学归纳法、参数法、反证法、消去法、分析与综合法、特殊与一般法、类比与归纳法、观察与实验法以及数形结合思想、分类讨论思想、函数与方程思想、转化（化归）思想方法，并在运用中达到熟练运用的程度。

（4）解题时，要合理地运用答题策略与技巧。

① 选择题的解题策略与技巧：方法多样，小题要小做，注意巧解，善于使用数形结合、特值（含特殊值、特殊位置、特殊图形）、排除、验证、转化、分析、估算、极限等方法，一旦思路清晰，就迅速作答。不要在一两个小题上纠缠，杜绝小题大做。

② 填空题的解题策略与技巧：细——审题要细，不能粗心大意；快——运算要快，力戒小题大做；稳——变形要稳，防止操之过急；全——答案要全，避免对而不全；活——解题要活，不要生搬硬套；准——数值准确，形式规范。

③ 解答题的解题策略与技巧：步步为营——分步得分；缺步解答——大局优先；跳步解答——回头攻关；退步解答——以退为进；辅助解答——迂回攻坚。

（5）解完题目之后，要养成解后反思的习惯，要养成不失时机地回顾下述问题的习惯：解题过程中是如何分析联想探索出解题途径的？使问题获得解决的关键是什么？在解决问题的过程中遇到了哪些困难？又是怎样克服的？这样，解题后的回顾与反思有利于我们发现解题的关键所在，并从中提炼出数学思想和方法。如果忽视了对它的挖掘，解题能力就得不到更有效的提高。

3. 强化记忆

（1）基础性的记忆。

我们每一节课几乎都要接触到数学概念、公式、法则、定理、公理、定律、图象、性质以及由此而产生的结论等，如由三角函数的定义可以得到三角函数在各象限的符号。这些基础性的知识应随着课堂学习进行有意义的记忆，并记牢、记准确。

（2）系统性的记忆。

数学的一节、一个单元、一章内容基本形成一个以知识、方法、题型、思维特点、解题规律为特征的知识系统，应在学习的过程中及时地进行系统性的记忆，步步为营，稳扎稳打，建立牢固的知识系统。系统性记忆一是要从知识的产生、发展、形成的整个过程进行记忆；二是要从知识之间的相互联系进行记忆；三是要从知识框架结构方面进行记忆。

（3）理解性的记忆。

数学知识基本遵循产生、发展、形成三个阶段，了解知识的来龙去脉，明了它们之间的相互联系、相互转化，能使机械的记忆上升为理解性的记忆，这将有助于我们的学习。如对于2倍角的余弦公式：

由于 $\cos(\alpha+\beta)=\cos\alpha\cos\beta-\sin\alpha\sin\beta$

令 $\alpha=\beta$，再考虑到 $\sin^2x+\cos^2x=1$，则有 $\cos2\alpha=\cos^2\alpha-\sin^2\alpha=2\cos^2\alpha-1=1-2\sin^2\alpha$

只要我们能从和角的余弦公式出发，理解其中的转换关系，就能准确地记忆公式，因而就能准确地运用公式，并使系统记忆进一步得到实现。

4. 深化理解

理解是学好数学的关键，这种理解是不可能靠别人给予的，需要学习者自身建构，是学习者通过参与数学活动亲身感悟出来的心得体会。当代美籍数学大师陈省身说过，“数学就是理解”。对于数学，要多思、多想、多做，才能领悟数学的本质属性。只有理解了数学基础知识、基本方法，才能自觉地加以运用。做到理解数学，需要考虑以下三个方面的内容。

（1）从数学概念的基本定义、概念的内涵和外延、具体与抽象、形成与扩展、区别与联系理解数学概念。

（2）从解题过程中的题意分析、知识联想、厘清思路、实施方法等方面理解数学解题方法。

（3）从做题后反思、质疑、探究、辨析、论证中理解数学知识和数学方法的综合运用。

5. 加强运算训练

运算能力是思维能力和运算技能的结合，是所有数学能力的基础。在学习中，我们可从以下几个方面入手加强运算能力的训练。

（1）培养观察能力。在概念清楚、公式牢固的前提下，运用何种方法、定理、公式需要我们有敏锐的观察能力。对于式子的变形要有预见性，只有站得高，才能看得远。如三角公式很多，在进行运算时要观察式子的特点，减少已知与目标的差异。有时可用整体代换减少运算量，如 $\alpha=(\alpha+\beta)-\beta$，$2\alpha=(\alpha+\beta)+(\alpha-\beta)$ 等。

（2）提高运算的准确性。这是对运算能力的基本要求。在填空题中，一步算错，整题失误；在解答题中，某步出错，后继部分随之有误。影响运算准确的因素是多方面的，有时是概念不清，有时是公式用错，有时是计算失误，或跳步太多而出错。

（3）提高运算的熟练性。这是对我们思维敏捷性的考查。我们应记忆 11 到 19 的平方数，3 到 9 的立方数，2 的立方到 10 次方数，5 组勾股数，$\sin 15°$、$\cos 15°$、$\tan 15°$的值。只有记得多，才谈得上熟练。特别是选择题、填空题，用特殊值的方法很有效。

（4）训练运算的合理性。这是运算能力的核心。一个较复杂的运算，往往是由多个较简单的运算组合而成的，因此，运算时要目标明确，途径合理。在数与式的运算中，要善于分解、转化、整合。

（5）训练运算的简捷性。这是运算合理的标志。要求所选择的运算路径短、运算步骤少、节省运算时间；能灵活应用概念，恰当选择公式，合理使用数学思想方法。其中，数形结合的思想、函数与方程的思想、等价转化的思想、分类讨论的思想在简化运算中都有重要的作用。

（6）训练书写的规范性。有些同学脑子灵活，反应快，但是书写潦草，格式不规范，算到最后自己也不知道前面写的是什么。这也同样影响运算能力的提高。

6. 加强逻辑思维训练

逻辑思维能力的核心内容是抽象概括能力和逻辑推理能力。

（1）抽象概括能力的训练。

高度的抽象性是数学最本质的特点，数学的抽象性导致了极大的概括性，抽象和概括构成了数学的实质内容，数学的思维是抽象概括的思维。至于抽象概括能力的训练，我们认为可以从以下三个方面进行。

① 学习中要善于将数学材料中反映的数与形的关系从具体的材料中抽象出来，概括为特定的一般关系和结构，要特别注意“分析”和“综合”的学习。

② 在解题过程中要注意去发掘隐藏在各种特殊细节后面的普遍性，找出其内在本质，善于抓住主要的、基本的和一般的东西，即善于学会运用直觉抽象和上升型概括的方法。

③ 我们要逐步养成概括的习惯，激发概括的欲望，形成遇到一类新的题型时，经常把这种类型的问题一般化，找出其一般性的结论和规律，并在概括总结中提高。

（2）逻辑推理能力的训练。

数学运算、证明以及数学发现活动都离不开推理，而且数学知识体系实质上就是用逻辑推理的方法构成的命题系统，因此，推理与数学关系密切，学习中应加强推理能力的训练。

① 在学习中要善于运用数学基础知识如定义、公理、定理、推论、性质、重要的关系式进行论证推理，这也是一切逻辑推理的基础。教材中的立体几何、不等式证明、推理与证明等内容是非常好的训练逻辑推理能力的素材。

② 在学习中要善于运用数学的基本方法如分析法、综合法、基本不等式法、数学归纳法、反证法、放缩法等进行推理论证。

③ 在学习中要善于运用直觉思维，大胆猜想、归纳、合情推理、严密论证进行推理能力训练。

7. 注意研究学科特点，寻找最佳学习方法

数学学科担负着培养学生运算求解、数据处理、空间想象、抽象概括、推理论证能力，应用、创新意识以及运用所学知识提出问题、分析问题、解决问题能力的重任。它具有显著的学科特点，对能力要求非常高。学习数学一定要讲究“活”，只看书不做题不行，只埋头做题不总结积累也不行。对教材知识要既能钻进去，又能跳

出来，结合自身特点，寻找最佳学习方法。

8. 强化自学意识，合理安排自习

数学不是靠老师教会的，而是在老师的引导下，靠自己主动的思维活动去获取的。学习数学就要自己积极主动地参与到学习过程中，善于开动脑筋，积极主动地去发现问题、提出问题、探究问题。要养成独立思考、勇于探索、大胆质疑的创新精神；正确对待学习中的困难和挫折，胜不骄，败不馁，养成积极进取、不屈不挠、耐挫折的优良心理品质。

自从山东省教育厅规范学校办学行为以来，高中生自习时间显著增加，每日3节晚自习，周六、周日共20个自习课，按每周35节正课计，正课与自习课各占一半。充裕的自习课对于学习任务繁重的高中生来说，合理安排自习时间、充分利用自习时间就显得格外重要。

（1）根据不同学科的课时比例、接受知识的难易、学科知识难度深度、知识的综合性、思维量等合理安排自习时间。数学课自习所占的比重应在总量的四分之一左右为宜。

（2）数学是思维的科学，它是以培养思维能力为核心的学科。由于数学思维量大，做题耗用时间长，因此，数学更适合用零散时间想，集中时间做。周一至周五每天可用接近一节课的完整时间，用于复习课堂内容，独立完成作业，对当天的知识、题型、方法、存在的问题进行简单小结；随后做课后题，读课外数学书、做课外数学题，并预习下节课的内容。（这一步往往很多同学都忽略了，但非常重要）在不影响他人的情况下，可与邻座交流学习心得，研讨解题方法，探究疑难问题，拟定读书目录，选取练习题目，最大限度地发挥自主学习的积极性。

（3）周六周日，数学一般有2～3节自习课。可用1节课进行单元复习，将本周的知识内容系统化。单元复习不是知识的简单罗列，而是将知识、题型、规律、方法有机结合起来，也可先做一部分中低档的题目再复习总结；用2节课完成老师布置的本周综合性的训练作业；如果还有剩余时间，应参照第（2）项要求去做。

自20世纪中叶以来，数学与社会的关系发生了根本性的变化。数学已经深入到自然科学和社会科学的各个领域。数学不仅在科学推理中具有重要的价值，在科学研究中起着核心的作用，在工程设计中必不可少；而且，数学学习研究中所蕴涵的哲学思想和研究方法，为经济学、社会学的研究提供了理论依据、数学模型和数学方法。因此，学好数学不仅仅是升学的需要，更多的是将来从事任何一种事业的需要。数学是可以学好的，并且学习数学中所形成的良好的学习习惯、优良的思维品质将使我们终生受益！

附件：

高中数学课程简介

高中数学课程分必修和选修。必修课程由5个模块组成；选修课程有4个系列，其中系列1、系列2由若干个模块组成，系列3、系列4由若干专题组成。其中，必须选修的是：文科选修系列1中的1－1、1－2两个模块；理科必须选修系列2中的2－1、2－2、2－3三个模块，再加选修系列4的一个专题（山东省现在实施在“4－5不等式选讲”专题中选学前两讲，9个课时）。高中数学所开设的课程都是高考的必考内容，按每学期两个模块授课，以教材序号为序授课，先必修，后选修，选修4－5放在高三第一轮复习不等式部分。

一、必修课程

数学1：(1) 集合与函数的概念及函数的基本性质。(2) 指数函数、对数函数、幂函数的概念、图象、性质。(3) 函数的应用。(4) 函数的概念是高中数学最重要的概念，函数是高中数学的主线，是高中数学中最重要的内容，函数的概念、图象、性质、实际应用构成本模块的主体内容。

数学2：(1) 空间几何体。(2) 空间中的点、直线、平面之间的位置关系。(3) 直线与方程。(4) 圆与方程。(5) 空间中的线、面关系；直线、圆的方程及位置关系构成了本模块的主体内容。(6) 空间中的线、面关系判定，空间想象能力的培养是立体几何的难点。

数学3：(1) 算法初步与程序框图。(2) 统计中的随机抽样，用样本估计总体，变量间的相关关系。(3) 随机事件的概率，古典概型，几何概型。(4) 程序框图、抽样、用样本估计总体、概率构成了本模块的主体内容。(5) 数据处理能力是《普通高中数学课程标准（实验）》要求的基本能力之一。

数学4：(1) 任意角的三角函数。(2) 三角函数的诱导公式。(3) 三角函数的概念、图象与性质。(4) 平面向量的基本概念及运算。(5) 两角和与差的正弦、余弦、正切公式，简单的三角变换。(6) 三角函数的概念、图象、性质，三角公式及恒等变换构成了本模块的主体内容。

数学5：(1) 正弦定理和余弦定理及其应用。(2) 等差数列、等比数列的定义、通项公式、前 n 项求和公式。(3) 不等关系与不等式。(4) 一元二次不等式及其解法。(5) 简单的线性规划问题。(6) 基本不等式，$\sqrt{ab} \leqslant \frac{a+b}{2}$。

二、选修课程

（一）文科选修

选修1-1：(1) 常用逻辑用语（含命题、充要条件、逻辑连接词、量词）。(2) 椭圆、双曲线、抛物线的定义、方程及其性质。(2) 直线与椭圆、双曲线、抛物线的位置关系。(3) 导数的概念、公式及其计算。(4) 导数在研究函数性质中的应用。(5) 圆锥曲线的定义、方程及其性质，直线与椭圆、双曲线、抛物线的位置关系，导数的计算及其应用构成了本模块的主体内容。

选修1-2：(1) 统计案例（含回归分析、独立性检验）。(2) 合情推理与演绎推理，直接证明与间接证明。(3) 复数的概念及代数形式的四则运算。(4) 流程图、结构图。

(二) 理科选修

选修2-1：(1) 常用逻辑用语（含命题、充要条件、逻辑连接词、量词)。(2) 椭圆、双曲线、抛物线的定义、方程及其性质。(2) 直线与椭圆、双曲线、抛物线的位置关系。(3) 空间向量及其运算。(4) 立体几何中的向量方法。(5) 圆锥曲线的定义、方程及其性质，直线与椭圆、双曲线、抛物线的位置关系，立体几何中的向量方法构成了本模块的主体内容。

选修2-2：(1) 导数的概念、公式及其计算。(2) 导数在研究函数性质中的应用。(3) 定积分的概念、微积分的基本定理、定积分的简单应用。(4) 合情推理与演绎推理，直接证明与间接证明，数学归纳法。(5) 复数的概念及代数形式的四则运算。

选修2-3：(1) 计数原理：分类加法与分步乘法计数原理。(2) 排列、组合与二项式定理。(3) 随机变量及其分布（包含离散型随机变量及其分布、二项分布、超几何分布、正态分布)。(4) 离散型随机变量的均值与方差。(5) 统计案例（含回归分析、独立性检验)。

选修4-5 不等式选讲：(1) 不等式的基本性质、基本不等式。(2) 绝对值不等式及其解法。(3) 证明不等式的基本方法。(4) 二维柯西不等式。

第三节　英语学习方法指导

英语是学来用的，不是用来学的。英语的学习要形成一个英语表达的小雪球，通过不断交流、应用将雪球越滚越大。关键是两个字：坚持。一旦停滞，小雪球也会逐渐消融。

一、高中英语的学科特点

英语是一门比较特殊的学科，它属于语言教育。与同属于语言教育的语文学科相比，它们有共同点，也有不同之处。总的来说，英语学科的特点有以下几个方面。

1. 新异性

英语与我们所熟悉的汉语之间有很大差异，而它们所负载的文化之间的差异更大，这就使英语学习具有很大的新异性。首先，这两种语言在发音、语调、语法、词汇、表达方式等方面差异很大，如英语是表音文字，而汉语是表意文字；英语的动词有时态的变化，而汉语的动词没有时态变化，所以初学者大多对英语的时态不敏感，以至于难以体会英语的幽默。有个小故事可以略窥一斑。一对英国老夫妻在家吃完饭，老头一抹嘴，说了句，“Babara，it was good.”老太太白了老头一眼，笑而不语，老头哈哈大笑。初看这话读者也许会莫名其妙，细想马上感叹英语时态和语气的妙用！老头说话时巧妙地用了“was”而不是我们误以为的“is”，并且加重了语气，这样一语双关，也可以理解为“刚刚吃完的饭很好吃”，也可以理解为“以前做的饭很好吃”，所以老太太白眼，老头得意。其次，从文化的角度来说，英语与汉语所负载的文化存在显著的差异，需要我们在两个截然不同的文化氛围和思维模式之间转换，因而增加了英语学习的难度。

2. 应用性

作为国际上最通用的语言之一，英语具有鲜明的应用性。学会掌握了英语就能在一定情景下使用，使用了就能够有收获，促进理解的加深和知识的掌握。

3. 人文性

英语的语音、词汇、短语、句型，无一不具有人文内涵，课文的内容更是包罗万象，无所不有。从英语的学习中，我们可以了解到异国的风土人情、风俗习惯、历史、文化、地理、社会生活、政治经济、教育科技……使我们理解世界文化的多元与丰富多彩。

二、英语学科的学习目的

中学阶段的英语学习，主要有两个目的，即掌握一定的英语基础知识和培养一定的英语语言技能。

1. 掌握英语基础知识

包括掌握必要的语音知识、掌握一定数量的词汇、了解其词性并掌握词性的特点、了解并能够熟练运用语法规则、熟悉英语的基本句型、掌握一定的交际语和惯用语，等等。

2. 培养英语语言技能

学英语的根本目的是为了能够使用，使用英语所必须具备的基本能力是口语表达能力、听力理解能力、阅读理解能力、写作能力以及用英语进行交际的能力。这些能力是学习英语的目的，同时也是学习英语的基础，能够通过对听、说、读、写的训练提高听、说、读、写的水平。

三、高中英语课程标准与初中的不同

（1）着重培养综合语言能力。通过在丰富多样的交际活动中应用、促进、形成交际策略，通过体验、实践、讨论、合作、交流、探究等方式发展听、说、读、写的能力，在强调多样性和选择性的同时重视基础性。

（2）高中英语教材主要以主题活动为线索，通过具体的话题，创设融洽、和谐、民主、快乐、轻松的学习氛围，以师生的互动，改变以往烦琐的语法讲授。针对中国人在学英语时所存在的特殊问题，比如，采用话题结构和交际功能相结合的方法，在具体的教学中让学生学会说这些句子，而不是先背诵、死记、掌握相应的语法规则，同以往的教学模式相比较有根本的改变。教学模式的改变必然引起学习模式的改变，高一学生应及早注意并迅速调整自己的学习方法。

（3）高中考试题目灵活性大，阅读量大量增加，需要背诵和记忆的东西不少，需要理解掌握的东西也不少。

（4）初高中英语学习存在诸多方面的差异，主要表现在四个方面：①由课程标准要求不同而产生的内容难度上的差异。比较《全日制义务教育英语课程标准（实验）》五级和《普通高中英语课程标准（实验稿）》六级要求，不难发现各维度上语言要求的提高。以词汇为例，初中阶段要求掌握约1500个生词，200～300个短语以及基本的语法知识。而高中则要达到2400～2500个单词和300～400个习惯用语及固定搭配，语法结构也明显复杂起来。②语言学习侧重点不同。语言技能上，初中侧重听说能力的培养，兼顾读写能力的训练；而高中在兼顾听说能力训练的同时，侧重读写能力的培养，尤其是阅读能力的培养。由此，高中英语学习与测试的重点已从初中的基础知识转向语言能力的综合运用。③教材结构不同。随着学习目标的变化，教材结构也有所变化。高中每个单元中除侧重读写能力的培养外，适当加大了文化体验、学习策略和方法的指导以及学习总结与反思能力的训练。如各单元都有“Summing Up”和“Learning Tip”项目。④学习方式的差异。以语法、词汇学习为例，初中以讲解、归纳后记忆、操练和运用为主要形式；而高中则是在教师的指导下，由学生通过积极尝试、自我探究、自我发现和主动实践等方式，从语言现象中归纳出规律，然后进行运用。除此，因高中学习环境的重新组合及多样化，教师的课堂教学更富于指导性，学生学习更趋于自主化，因此，学生如仍沿用初中学法而不进行预习、复习、总结等自主规划或调整，只会使高中英语学习远远跟不上。

四、初高中英语学习衔接

（一）初高中英语衔接教与学的实施对策

1. 注重心理情感的沟通和学习计划的制订

高一新生难免在各方面存在着不成熟，面对高中英语大量词汇、复杂抽象的语法以及一定篇幅的阅读训练等常感到迷茫，一旦落后，就容易产生畏难情绪或自卑心理。因此，首先，我们要有意识地和同学多进行交流，和老师多进行交流，就英语学习及时进行沟通，让老师了解自己的学习情况。其次，要强化参与交际、参与练习的意识，培养自信心。再次，要从实践出发，制订出月目标和周目标，并根据目标制订学习计划和每周自主学习时间表，每周进行自我评定和小组互评，培养对学习进行自主规划和监控的能力。

2. 根据课程标准的要求，注重学习方法的衔接

（1）积极参与课堂活动，从实际出发学习英语，寓学于乐。我们是学习的主体，因此要做建构自己知识的主动学习者，学会在适度宽松和谐的课堂教学环境中，积极参加多种多样的活动，培养浓厚的英语学习兴趣。如在听力训练中，可充分利用英文歌曲或经典影片的欣赏活动，努力做到寓学于乐，在乐中学，避免纯粹为了找乐才去听歌观影。以听歌曲为例，要用任务把歌曲欣赏与语言学习结合起来，如听歌理解其主旨大意或意图，听歌曲填词，将歌曲译文，在想象扩展基础上的补充或扩充歌词等，在较放松的状态下参与学习活动。同样，对于影片欣赏，也可以进行某些活动，如阅读影片简介，回答问题；听人物对白，填入所缺单词；看电影片段，为打乱的人物对白排序；评价电影人物等，使学习活动在轻松的环境中完成。

（2）以丰富可理解性输入为目的，加强词汇和语块的积累。

高中英语学习应十分关注词汇和语块的积累。大部分学生认为词汇是高中英语学习中最困难的问题。记不住，不会用。通常情况下，约70%的日常交际主要由语块来实现，由此，语块构成了语言交际的基础单位。

首先，简单地说说“语块”。初中习惯了单个地背诵单词，高中要学习应用相对固定的“语块”来表达。比如，体育课上足球踢飞了，按照习惯的汉语思维，可能会说，“Let me go and pick it up.”之类的表达，但是英语中一个语块就可以解决这个表达——“I'll go and get it.”简洁明了，语义丰富。应该随时注意这一类的“语块”表达。学习时应把反复听、大声朗读、认真模仿作为学习语块的主要途径之一。模仿、朗读、边听边读和背诵等都是语言学习的最基本形式，有助于我们积累大量词汇和丰富多彩的语言表达形式，对口语和写作具有直接的模仿借鉴作用。课文中许多精彩段落、课外大量的美文、练习中大量的优美语料、许多名篇佳作等都蕴涵了思

想美、语言美、音韵美、节奏美以及气势美，这些都只有通过朗读、品味、模仿去感受。研究表明，很多在演讲比赛中（如“21 世纪杯”、“CCTV 杯”）获奖的优胜选手，其共同的学习方法和经历就是诵读多位名人的演讲稿，背诵大量优美文章，听和模仿英语广播或录音，观看和模仿英语电影和电视剧，记忆大量完整的语块（即出现频率比较高的习语、短语、短句等）。

其次，应积极配合教师采用多种形式进行词汇和语块学习。如分析和归纳基本的语块中的语法规则；找出语言材料中的语块，并根据相应语境进行操练和实践；利用头脑风暴和思维导图建立词汇联系；适当用翻译法进行词汇学习；坚持在阅读中自主寻找、发现语块；英语释义，使用同义词、反义词、旧词解释新词等；语境中理解词汇或语块意义；通过口头表达运用话题相关词汇和语块；通过话题写作练习运用话题核心词汇和语块；通过语句、语段听写强化词汇和语块的记忆和运用。

（3）以建立知识架构为目的，在教师的帮助下搭建学习的支架。

依据支架理论，教学设计应为初学者建立一个知识架构，让其据此构建知识。也就是说，这个过程是在课堂上在教师的指导下完成的，是教师依据我们现有的知识和能力设计一系列指引，带领我们逐步完成任务。

以 Module 1 Unit 1 Friendship 单元 Reading & Writing 部分为例，教师可针对 Xiaodong 的困惑，帮助学生搭建以下支架：①阅读 Xiaodong 的来信及“Writing for fun”部分；②头脑风暴：小组讨论以下与交友相关的两方面问题；③全班汇总，总结归纳问题，呈现与问题表达相关的主要观点与语言结构，建立写作支架；④独立完成写作任务，给 Xiaodong 写一封回信。

无法融入的原因：You might be a selfish person. / You might be thinking and caring about too much of yourself. / You might look to your own concerns. / You might spread others secrets far and wide. / You might pay no attention to others' pride. /You might not help or support others when you should. / You might treat others badly...

建立友谊的条件：be honest with others/ say what we mean/ don't tell lies otherwise people will stay far away from you/ do something to make ourselves interesting as a friend/ keep company with others when they are in trouble/ prove to be valuable to others...

如何建立和保持友谊：always smile and be polite /talk to people about what you like so that others will know more about you / don't be too shy/ try to exchange ideas and experiences with others/ join in people's discussion /show your interest in their talk /remain open to new cultures, ideas and values/ try to adapt yourself to the new environment / try to avoid quarrels...

写作练习：Give your advice to Xiaodong as an editor according to the given points & expressions below.

一些有用的词汇：be polite to, be friendly to, care about others more than yourself, trust, share, make... feel easy, lend sb. a hand whenever..., help each other, pay attention to others' pride, quarrel with, calm down, never lose your temper, be concerned about, help or support... when..., treat sb. well, tell... about one's deepest feeling, on purpose, go through tests of life and death...

（4）以激发思维为切入点，提高语言技能。

根据课程标准，高中英语应特别注重提高学生用英语进行思维和表达的能力。且比较课程标准五级、六级对语言知识与技能等方面的要求可发现，初高中英语学习要求的一个最大区别就是思维要求的提高。高中英语学习对学生的发散思维、逻辑思维、批判性思维、创新思维等能力都提出了更高要求。通俗地说，侧重“思辨”而非“背记”，侧重“触类旁通、学以致用”而非“简单模仿”。

在课堂上，高中老师的处理方式会较初中老师的有所不同，了解老师的授课方式，有利于我们课堂上积极配合，增强学习的目的性。

①以关注形象思维为目的的直观教学法。高中老师一般会利用实物、图片（插图）、简笔画和体态语等手段进行教学，增强我们对语言知识的感性认识和映像记忆。如，Module 1 Unit 1 Anne's Best Friend 的读前预测环节可设置以下任务：Think about the following two situations and give your reasons：Imagine what it might be like if you had to stay in your bedroom for a whole year. How would you feel? / Suppose you are alone in a hiding place, you have to survive only with the things listed on the blackboard, and without any friends. Which items will be the most useful to you, a knife, a radio, a book, a diary, a mirror or a box of matches? List the three most useful items and explain why.

②以关注发散思维为目的的头脑风暴法。可就某一指定话题或主题展开自由讨论，逐步完善已有内容图式，并通过关键词和直观形象的图式建立起各种观念间的联系。

③以关注发散思维为目的的情境教学法。教学中教师一般会创设多种情境，如，话题情境、语言情境、画面情境、视频情境等，引导我们发现、体验、探究、归纳、运用语言。如，在学习了 which/ who/ whose/ that/ when/ where 引导的定语从句后，可能会有以下任务。

Task 1：Please describe the pictures, using which/that/who/whose... 利用画面情境，具体应用语法知识。

Picture 1：A photo took in August, 1976 which shows the city of Tangshan which lay in ruins after the earthquake.

Picture 2：The monument that has been set up in honor of the citizens and rescuers who died in the earthquake.

Picture 3：Survivors in the shelter whose homes had been destroyed after the earthquake.

Picture 4：People who got injured and became disabled in the quake.

Task 2：Please describe the following things to your new teacher from America, Ms. June, using when/where.

Confucian Temple/ the Forbidden City/*Yuanxiao*/ *Zongzi*/National Day /the Lunar New Year

④ 以关注创新思维为目的的探究学习法。一般以教材中的话题或社会现象作为探究内容，通过自主或合作的形式深入探讨语言规律或用语言解决现实问题。如，学习 Module 2 Cultural Relics 单元时可选择一处自己感兴趣的文化遗存，从遗存的形成年代、历史渊源、文化意义、文物保护、存在的问题等方面进行探究，并模仿课文撰写调查报告。

⑤ 以关注逻辑思维为目的的语篇整体教学。利用语篇发展逻辑思维是高中英语教学的重要内容，对此，可遵循“宏观感知—微观探究—整体吸收”原则设计教学活动（见表 2－1）。

表 2－1　语篇整体教学框架

宏观感知	导读性理解题	在快速阅读语篇时提出问题，以确定阅读重点，整体把握文章的框架结构，快速感知文章大意。	—抓主旨大意和写作意图； —分析把握篇章逻辑结构模式。
微观探究	梳理检查性理解题	在学生细读时提出问题，以检查和强化对课文的理解，促使学生在阅读中处理并获取细节信息。	—分析判断段落内部的结构层次，抓段落大意； —分析句间逻辑语义关系、句间衔接及句子意思； —识别体会连接词的作用。
整体吸收	评价提高性理解题	在进行表层理解的基础上进行深层理解和情感层面上的分析，引导学生挖掘语篇的深层意义，同时通过评价分析整合阅读材料和已有知识结构，突破固有的思维模式，构建新理念，提出新观点。	—理解探讨深层次问题、评判性问题； —运用话题讨论整合语篇观点和语言信息； —运用阅读后的拓展性活动、情境交际活动和写作活动吸收、运用所学语言。

⑥ 以关注批判性思维为目的的对比法，即通过对比的方式学会用批判的视角来审视、思考问题。如，很多教师往往在阅读课文后安排寻找关键词的练习，有时也会预先展现文中出现频率较高的、

与话题紧密相关的关键词汇，让我们根据这些词汇自编故事。在自编故事的基础上再安排听或读的任务，最后让我们自己评价，分析自编故事与文中故事的差异。这样的活动不仅训练了我们的阅读技巧，而且也同时训练了我们用关键词构建情节、用批判性思维来分析问题的能力。

⑦ 以关注联想思维为目的的联想法。包括推理性联想、总结性联想、限制性联想和发散性联想。

Beijing, China, Aug. 9 (Xinhua)— The 2008 Beijing Summer Olympics opening ceremony began officially on Friday 8th August 2008 in front of a crowd of 90, 000 eager spectators in the Beijing National Stadium, also known as the Bird's Nest. 8th August 2008 saw an extremely bright night in Beijing that will never fade from the people's memory. A great many citizens, men and women, young and old gathered in the streets, celebrating the historical moment. The ceremony began at 8 : 00 p. m. China Standard Time, as 8 is considered to be a lucky number in Chinese culture. More than 100 heads of state, heads of government and sovereigns attended the ceremony. The number of heads of state who attended it was by far the largest in the Olympic history. The whole ceremony started with a firework display lighting up Beijing's skyline, followed by a total of 2, 008 energetic drummers beating a countdown. Then the crowd was treated to an amazing process of acting which took them through 5, 000 years of Chinese history and culture. After these performances, it was time for the athletes themselves to take centre stage. In keeping with tradition, Olympic founder Greece led the other 203 competing nations into the stadium. China's 639 athletes entered last behind towering flag bearer Yao Ming, to a thunderous reception from the crowd. Finally, the big torch was lit by a jet of fire from Chinese Olympic hero Li Ning, who had been lifted up to the roof of the stadium on wires. All the people in the stadium cheered and cheered, their faces lighting up with pleasure. Some of them were so excited that they stayed awake for the whole night.

a. 推理性联想：如：a crowd of，a total of — a number of/a lot of/ a bit of/ a series of /a group of/ a bunch of/ a taste of/ a sense of/ a time of/a moment of / a chance of...; men and women, young and old — blacks and whites/ rich and poor/ strong and weak/ famous and ordinary/ educated and uneducated

b. 发散性联想：gathered in the streets, attended the ceremony, drummers beating a countdown, was treated to an amazing process of acting, lit the big torch, cheered and cheered, stayed awake for the whole night—In what way will you celebrate an exciting moment/occasion?

c. 总结性联想：比较归纳以下两句的共同结构：The whole ceremony started with an initial firework display lighting up Beijing's skyline... / All the people in the stadium cheered and cheered, their faces lighting up with pleasure—独立主格结构（with）+ *n.* + doing...

d. 限制性联想：Write an exciting moment or occasion you have experienced, using the following expressions and structures: saw an extremely... in... that will never fade from the people's memory/ a great many/ gathered in... celebrating the historical moment / it was time for... to... / All the people cheered and cheered, their faces lighting up with pleasure. / so... that...

（二）根据中考高考的要求，注重评价的衔接

比较近年中考和高考试题，虽有许多命题的共同点，但两种考试在要求和难度上也存在着本质差异。中考试题范围主要立足于教材；而高考试题范围广泛，对综合语言运用能力和思维能力的要求较高。教材只是基础，我们必须在熟悉教材的基础上，借助大量课外资料进行语言训练。在实践中，不少同学忽视衔接，过早地接触高考题型、高考真题，随意加深学习的难度。部分老师也喜欢这么做，显得密切联系高考。其实，这也是十分错误的。在学习的过程中，同学们要学会和老师及时交流，主要关注以下四点，和老师共同把英语学习的评价做好：一是评价与测试要求不宜过高，避免因试题过难而挫伤学习的积极性；二是评价内容的选择应针对我们的实际情况，在侧重考查书本内容的情况下，兼顾初中所学内容，可适当补充高考的改编试题，以降低难度，更符合学情；三是评价形式的选择上，适当借鉴中考部分题型，或者综合中考、会考和高考题型特点，采用过渡题型。如，词汇测试采用单词拼写 + 语篇填空的整合形式；阅读测试采用理解选择 + 问题回答、信息匹配 + 问题回答等综合形式；写作测试采用根据要点及部分语句提示，完成语篇的形式，从而为完整的篇章写作进行铺垫。以 Earthquakes 单元测评为例，采用以下两种形式比较好。

话题填空

Several days before July 28, 1976 many s ______ things happened in Tangshan. They were signs for an earthquake. But people w ______ lived there didn't think m ______ of that. At 3: 42 a. m. that day, the earth began to s ______, which d ______ almost all the city in a few seconds. Many people, including workers and doctors, came to r ______ those who were t ______ under the ruins. Later that afternoon, another big earthquake struck the city. More people were killed or i ______ and more buildings fell down. Very soon the army sent a lot of soldiers to help, and teams were o ______ to dig out the trapped and b ______ the dead. By and by, things improved and the city began to b ______ again.

话题表达

2008 年 5 月 12 日下午，四川省汶川地区发生里氏 8.0 级地震，造成了惨重损失。假如你是杭州某中学学生会主席，请代表学生会向全校师生简单介绍灾情，并号召师生踊跃捐款捐物，参加义卖活动。根据上述意思，补充并完成以下语篇。

Teachers and fellow students,

As we all know, a severe earthquake which measured 8 on the Richter Scale ______ （爆发） in Sichuan Province on May 12, 2008. We all ______ （听到这个消息我们都感到非常震惊和悲痛）. According to Xinhua news agency, in a few terrible seconds a large city ______ （变成一片废墟）. ______ （仿佛到了世界末日）. ______ （多达 60,000 人丧生） in this terrible disaster and still countless people ______ （被困在废墟中）. Another 20,000 were reported missing. Everywhere they looked, ______ （几乎一切都被毁了）. Luckily, all hope was not lost. The army ______ （组织军队） to dig out the trapped people and workers ______ （为那些无家可归的幸存者建立临时避难处）. Let's just imagine how the students there need help! Schools should be rebuilt ______ （以便他们能够尽快返回学校）. Here ______ （学生会号召每个人） to help the relief work by donating things and ______ （筹款） to help those affected in the earthquake. We'll have a voluntary contribution this week. Let's give away our pocket money. Besides, we'll ______ （组织一个义卖会） on Saturday morning in the meeting hall. Please bring your books, toys, CDs or something else here to sell. ______ （所有筹集的钱都将被送到灾区） That's all. Thank you.

好多同学也许不喜欢这样的测评或者练习形式，原因很简单，不如单项选择题做起来简单，其实这里面隐含了一个应该重点训练的内容——思维的训练和英语的真实运用，而这一点做起来费脑筋。本该重点训练的在消极应付中缺失了训练，导致真要我们读读、说说、写写的时候感到异常的困难，无从下手。滴水穿石，能力的形成其实就是日常学习中的每一个小水滴，需要日积月累，方可有朝一日发挥作用。

四是为了更好地训练和关注语音、语调，要培养说英语的习惯，形式可多样化，如拼读单词、背诵课文或朗读一段美文、就模块单元话题所设置的某一开放性问题阐发自己的观点、根据要点进行口头作文等。总体来说，评价与测试要有利于促进我们产生成就感，如果某一天我们非常希望就某一话题进行某种形式的听说读或写的活动了，成功就不远了。

（三）根据高中学习的特点，关注学习方法与策略的衔接

1. 掌握并运用正确的学习方法与策略

学习方法体现在预习、听课、作业、复习与测试等诸多环节。每个环节都直接影响学习效率。以课前预习为例，单词预习应注意词的音、形、意、用。为此，从一开始就要强化“查词典”的意识和方法，每个高中生至少要拥有一本英语词典，借助词典学词汇，掌握单词读音、语义、用法、例句、派生词、合成词、反义词、同义词及动词的词形变化规律。尤其是音形不一致、容易拼错及含有新义、特殊语义的单词。同时，预习要从文章大意、篇章结构、语言形式等不同维度去思考，概括起来为“读、画、查、思、问、译”六个字。读即熟读单词，读懂课文，尝试概括主旨大意、语篇结构；画即画出生词、短语或好词好句，自主发现文中新语言等；查即查阅词典、书后词汇表或参考资料；思即思考课本问题；问即提出预习过程中发现的问题与困惑；译即译文，尝试把文中某一段译成汉语等。有的同学可能会问，预习了这么多，上课老师不讲了吗？一句话，高中的课堂学习应该是在预习的基础上，在老师指导下进行语言的操作训练和应用。

2. 看看皮连声的学习策略

有好多成绩高的同学不会学习，不信吗？接着往下看。依据皮连生学习策略理论（田悦灵，2007），这些策略包括：①促进选择性注意策略，如自我提问、做读书笔记、记听课笔记等；②促进短时记忆策略，如复述策略（通过多次复述记忆新材料）、将所学信息组块等；③促进新信息内在联系策略，如分析学习材料内在逻辑结构和组织结构、构建语义图或语言知识网、多问几个为什么等；④促进新知识长期保存策略，如精加工策略，即在要记忆的材料上增加新信息，以此来记忆新材料；组织策略，即将分散孤立的知识集合成一个整体；过度学习策略（150%学习策略），即如果背4遍能记住新材料，就背6遍，加强记忆。另外，教师在任务的设计中会创造机会使语言学习和策略的运用有机结合起来，同学们可采用结合式

或综合式学习方式。结合式是指把策略教学与正常语言教学的任务、目标、教材结合起来，在教学设计中融入对学习策略的指导。那么上课时除了“听懂了，会用了”，你是否注意到老师是如何教授的？想让我们掌握哪些知识，侧重培养了我们哪一方面的能力呢？

以下读写课例较好地在各环节渗透了读写策略的引导。同学们可以仔细读一读，然后分析一下。

Step 1：A quiz

Which city is the host city of 2008 Olympic Games? Which city is the host city of the first Olympic Games? You know any differences between the ancient Olympic Games and the modern Olympic Games? Suppose you were living in ancient times, could you take part in the Olympic Games? (Women were not allowed to take part in...)

Step 2：Pre-reading

Read a story about a Greek myth, in which a woman was very good at running and she ran very fast, but unfortunately, she was not allowed to take part in the Olympic Games.

Qs：Have you read any stories about Greek Gods or Goddesses? Can you name one Greek Gods or Goddesses?

You know their duties?

Step 3：While-reading

Read the story quickly and find out the following information：

What is the story about? (When... /Where... /Who... /What...)

Step 4：Post-reading

Look at the last paragraph and discuss in groups of four the question "What do you think would happen to Hippomenes".

Step 5：Writing

1. Develop what you have discussed in a short passage. Write the end of the story in different styles.

Instructions of writing strategies：Use correct tenses and sentence structures. / Pay attention to punctuation. / Creative writing is encouraged. / Try to write the ending in different styles. (funny, sad or happy) / Keep your writing clean and tidy.

Step 6: Partner reviewing

1. Work in groups to compare your writings with your partners and choose the best one in your group.

Does the writing contain many new words and expressions in the text? / Is the writing well organized? Dose it contain all the necessary wh-questions? / Are there any mistakes in tenses or sentence structures? / Is the writing correctly punctuated? / Does the writing have a good word choice? / Is the writing creative?

2. Demonstrate some of the writings to the class and then ask several students to comment on the writing.

Step 7: Listening and comparing

T: Actually the story has an ending. Do you want to know it? Now listen to the end of the story. While listening, please make some comparisons: Which one is better, this one or yours?

Step 8: Summary

Make a summary about today's lesson.

综合式训练是指对适合于不同语言学习方面（听、说、读、写），多种类型（元认知、认知、合作学习、资源利用等）的策略进行同时学习。对此，在每单元设置类似 Project 的学习任务。如学习“Travel journal”时，可设计以下活动任务：Make a survey of people's attitude to travelling. Then, prepare a report, using some useful expressions in the text, to summarize your survey. 为完成这一任务，同学们需对以下方面作出决策：

—Decision of what they need to report after learning the unit; (e. g. choices about way of spending a holiday, the place to visit, the fare for the trip, kinds of transport, things to see and do, etc.)

—Decision of how, where and when to get this information (interviews, questionnaires, etc.);

—Decision of the kind of interviews/ questionnaires they want to design and the questions they need to ask;

—Selection and analysis of collected data;

—Writing a report;

—Creative use of some important language expressions and vocabularies in the unit;

—Self-reflection of language, including new language forms or structures, errors, etc.;

—Self-reflection of strategies they have used in carrying out the whole research project.

因此，学懂了还不够。为加强学习策略培训，发展自主学习能力需在完成任务或练习的过程中对所用学习策略进行“内省”，要向老师汇报完成这项任务时的思维过程及所采用的策略。以阅读为例，在老师教给了我们阅读策略知识（配合相应阅读材料或阅读情境）的基础上，在阅读一篇文章后，我们要反省自述自己所用的阅读策略，如全文浏览、上下文推理、问题查找、分析篇章结构、根据关键词（组）进行概括、分析质疑长句结构、选择性注意，等等。为养成“内省”的习惯，要学会撰写各类学习日记，如阅读日记、听力日记等。这是评价听读活动有效性的一种方式。如：

听力/阅读训练时间：________ 听力材料：________

主题：________________

内容摘要（主旨大意）：________________

好词好句（新学词汇/词组）：________________

听后/读后感想（听力心得）：________________

听后/读后反思（听/读过程中使用的微技能或策略）：

____

总之，新课程下初高中英语的衔接，需要师生共同积极转变教学和学习观念，注重心理情感、学习方法、学习内容、学习评价以及学习方法与策略等多方面的衔接。只有如此，我们才能顺利走过初高中的过渡时期，避免过早产生两极分化，全面落实“知识和能力统一、过程和方法统一、情感态度与价值观统一”的三维新课程理念，最终发展英语综合语言运用能力。

第四节　物理学习方法指导

一、高中物理学科的特点

（一）高中物理学习的特点

物理学习是学生与物理知识、方法、思想相互作用的过程，其相互作用的结果使同学们的某些行为或行为潜力发生比较持久的变化。物理学习是以物理学科为对象的学习，物理学科的特点必然要反映到物理学习中来，使物理学习带有以下特点。

1. 观察和实验是物理学习的基抽

物理学是一门以观察和实验为基础的科学，物理学家通过观察和实验发现和认识物理世界的规律，同学们学习物理也基本上是通过类似的过程。任何一个物理概念的形成、物理规律的建立，几乎都是从观察入手的。法拉第曾指出，没有观察，就没有科学，科学发现诞生于仔细地观察之中。物理学习也同样必须从观察和实验开始。从观察中可以发掘问题，对观察所获得的感性材料可以进行推理、论证，并作出各种假设。观察与实验是互不可分的，它们是物理学习中极其重要的环节。

物理观察的目的：一是了解物理现象和物理过程，感知它们的特点和变化；二是记录事实，取得资料，为进一步分析研究提供数据和资料；三是发现矛盾，发掘问题。按照观察的目的划分，有描述性观察、分析性观察、实验性观察三种。

描述性观察是一种初级的基础性观察，是对物理现象外部形态特征的观察。观察要按一定的顺序进行，观察结果可以用语言文字或者图表来描述。

分析性观察是借助于理性思维，反映事物本质的、规律的、外部表现的观察。它为形成概念和规律提供一定的事实依据，有理性与感性相统一的特点。它可以使观察者获得关于事物和现象比较全面的认识。

实验性观察是指在人为设计的实验条件下，对物理现象进行观察。实验性观察又可以分为探索性观察和验证性观察两类。探索性观察可以发现事物和现象的性质和规律，其过程一般首先根据已经掌握的经验和事实，以一定的科学理论为指导，对所研究的事物的性质和规律提出一种假设，然后利用仪器、设备及其他物质手段，人为地创造一定的条件，通过实验进行观察，检验假设，形成概念或建立规律。验证性观察是人为地创造实验观察条件，使原来的实验再现或重演，通过观察来验证原有的概念或规律的正确性。实验性观察是从理论与实验的结合上进行的观察，从而可以使同学们加深理解和掌握已有的物理知识，是物理学习中普遍采用的一种观察方法。

2. 形成物理概念、掌握物理规律、建立物理观念是物理学习的核心

物理概念是组成物理知识的基本元素，是一类物理现象的共同特征和本质属性在人脑中概括和抽象的反映。物理规律（包括定律、定理、原理、法则、公式等）是物理现象或过程的本质联系在一定条件下必然发生、发展和变化的规律性的反映。物理观念是物理世界在人脑中概括的形象，是人对物理世界的基本认识。物理概念的形成和规律的建立之间存在着不可分割的、辩证的联系。如果概念不清，当然就谈不上掌握物理规律；同时，掌握物理规律，又可以进一步深入地理解物理概念。如果只掌握了物理概念和规律，还不能算学到了完整的物理，事实上，只有把物理概念、物理规律、物理观念以及物理思想方法和实验有机地结合起来，才是对物理科学

的完整描述。

形成物理概念、掌握物理规律的基本途径是：首先，通过观察和实验获得感性认识。感性认识是进行思维加工以形成概念和规律的原料，如果对所学习的物理问题尚未获得必要的感性认识，就急于学习概念和规律，那么，这种“概念”和“规律”将是无源之水，无本之木。其次，由感性认识上升到理性认识，是形成概念、掌握规律的关键环节。在每一个物理现象中，都存在着多种因素的影响，其中有主要因素和次要因素、明显因素和隐蔽因素等，各种因素间本质的和非本质的联系，常常交织在一起。因此，学习物理时必须进行正确的科学抽象，在此过程中区别本质的和非本质的东西，进行概括，得出结论。再次，明确概念和规律的物理意义，是形成概念、掌握规律的根本。在经过抽象思维初次得出结论后，一般来说，同学们对概念和规律的理解往往仍然是表面的，有时甚至是片面的。因此，还需要通过多种途径和方法强化对概念和规律的认识，特别是着重理解概念和规律的物理意义。在此基础上，还必须通过系统地练习，才能达到深入理解概念和牢固掌握规律的目的。

物理学的发展最集中地反映在物理观念的变更上。经典力学借以建立的基本观念是机械论的物质观和绝对时空观念；电磁场理论的基本观念是媒体作用的场的观念；相对论则提出了依赖物质和运动的空间和时间，相互联系的质量和能量，任何参考系对于物理定律的描述都是等效的等基本观念；量子理论提出了微观现象不连续的量子化观念、波粒二象性观念等。中学物理学习中所涉及的一些主要物理观念包括物质观、运动观、时空观。

学习物理的基本任务在于不断加深对物质世界的认识，这种认识不仅包括理解和掌握物理概念和物理规律，而且包括在头脑中逐步形成对物质结构和物质运动整体上概括的物理图象，即建立基本的物理观念。

3. 数学是物理学习的语言和工具

物理学是应用数学语言作为工具最充分、最成功的一门科学。

数学所提供的概念、符号、规则、理论和技巧，为物理学的学习和研究提供了简明、精确和科学通用的语言形式，从而大大简化、纯化并加速了人们的思维过程。数学为物理学提供的定量的计算方法，使物理学得以从定性分析的学科发展成为定量分析的精密科学。

数学作为物理学习的语言和工具，主要表现在：物理概念以及物理量之间关系的表达，要借助数学式或图象等手段；物理理论本身的建立和发展，以及推理论证过程，都离不开数学；应用物理知识分析解决具体物理问题时，数学是有力的论证和计算工具；同时，数学也是物理学思维推理的工具。只有具备了必要的数学知识，才能更好地理解和掌握物理概念和物理规律，从而学好物理。

中学物理中的数学语言和工具，主要有两方面：一是数学表达式，二是图线或图象。数学表达式主要有：代数知识和方法；三角函数知识和方法；解析几何知识和方法；极值方法；中学物理中的正、负号和正、负数；测量、误差分析等。数学图象（或图线）在中学物理学习中广泛运用，图象的直观性有利于展现物理量之间的依赖关系，图象的形象性有助于建立和表示物理规律，凡具有同类数学表达式的物理规律，它们的图象必然相似，这样我们应用图象研究物理问题时就可以进行类比，从而达到触类旁通和融会贯通的效果。各图象的几何特点都有与之对应的物理意义，弄清这种对应关系，可以简化研究过程。此外，图象在解决物理问题（习题）中也有广泛的应用。总之，由于图象具有直观、形象的特点，在中学物理学习过程中可以用图象简单明了地表述一个复杂的物理过程。

数学知识和方法是物理学习中的重要语言和工具，在物理学习中，既要重视数学方法的运用，又要注意它与物理内容的关系，只有把二者很好地结合起来，才能达到良好的效果。

4. 科学方法是物理学习的手段和桥梁

科学方法是物理学习的手段，在物理学习中起着重要的指导作用。比如，包括比较、概括、抽象、分析、综合、演绎、归纳在内的普通逻辑方法，是物理学中使用最频繁的思维方法，要学好物理也必须掌握这些方法。再如，隔离分析法、等效变换法、对称处理法、极端分析法、近似处理法、类比分析法等，在物理学习中更是种类繁多、纷繁复杂、千变万化，这些方法对于解决具体物理问题是十分有用的，也是学习物理必须掌握的。

在物理学习中，科学方法是沟通能力与知识的桥梁。学生任何一种能力的发展都离不开科学方法的有效运用。比如，学生的物理观察能力、实验能力、思维能力、记忆能力等都蕴涵着众多的科学方法。科学史家朱克曼曾走访了41位诺贝尔奖获得者，发现他们的“科学鉴赏力”和“高超能力”最主要得力于从名师那里“学到一种发现科学真理的思想方法和工作方法”，而不是“从导师那里获得的实际知识”。

在众多的科学方法中，被公认的物理学的具体科学方法主要有六种：观察法、实验法、理想化法、类比法、假说法、数学法。

同学们的学习效果，在很大程度上是由掌握的科学方法决定的。但由于物理学习方法高度的灵活性及其在知识内容体系中的隐蔽性，因此在学习过程中，同学们要自觉挖掘蕴涵在物理知识中的科学方法，在解决问题的实践中逐步掌握科学方法。

（二）新教材的特点

（1）新教材分为选修和必修两种，有效解决了不同兴趣的同学对学习物理的要求。例如，人教版的高中物理教材有必修1，必修2，选修3－1，选修3－2，选修3－3，选修3－4，选修3－5。必修1，必修2，选修3－1，选修3－2为高考必考内容。从选修3－3，选修3－4，选修3－5三个模块中选择两个模块作为高考选考内容。

（2）新教材体现“从生活走进物理，从物理走向社会”的理念。高中物理新课程体现了保护同学们的探索兴趣、激发同学们的学习欲望、关注同学们的认知特点和生活经验、让同学们感受到物理就在身边的理念。新教材从同学们已有的生活经验出发，根据事物的内在联系，精心选择那些同学们熟悉的、蕴涵多种知识生长点的生活原型，将物理知识与社会生活实际紧密联系起来，让同学们觉得真的能做到学以致用。

（3）新教材突出实验探究，注重培养同学们的探究意识和探究能力。课程标准指出，新的物理课程倡导从社会发展的需要出发，发挥学科自身的优势，将科学探究作为课程改革的突破口，激发同学们的主动性和创新意识，促使其主动学习，使其获得物理知识和技能的过程成为理解物理、进行科学探究、联系生活实际和形成科学价值观的过程。课堂不只是传授知识的场所，更应该是探究知识的场所。新教材中新增加的许多探究性实验正是这一思想的体现。

（4）新教材注重渗透科学方法教育，提升同学们的科学素养。科学方法教育的目的在于发展同学们分析问题和解决问题的能力，教授同学们如何打开知识的大门。在整个教材中，不仅学习知识，同时还逐步培养同学们分析问题和处理问题的科学方法，了解这些学习方法，同学们才能更好地学会学习。

二、初高中物理差异和衔接

（一）学习心理和方法的差异和衔接

从心理发展的角度看，我们在上初中的时候，思维形式虽然以抽象逻辑思维为主，但缺乏抽象性与概括性，具体思维在我们的思维活动中仍起着很大的作用。如在学习抽象复杂的概念时，同学们仍需要以具体形象作为基础，否则就不能正确地领会。高中生的逻辑思维已得到很大发展，他们对比较复杂的问题一般能从理论上加以分析和概括。但对于刚升入高一的新生，其心理发展程度更接近于初中生，对高中物理的难度高、较抽象的特点缺乏思想准备和足够的心理接受能力，这样就在客观上形成了物理学习难度。

进入高中前，我们经常听到别人讲“高中物理难学，是各科中最难学的”，“女生学理科不行，更难学好物理”，从而产生对物理的畏惧感，在学习过程中遇到困难、遭遇挫折时，就可能会想：是不是我真的很难学好物理，不适合学理科？爱好文科的同学，刚进入高一时，就决定分科时选择文科，而会考物理又不是太难，因此对学习物理抱无所谓的态度，这就导致学习物理没有兴趣、动力。

很多同学在学习方法上没有随着升入高中而发生变化，学习方法不灵活，学习物理概念规律时主要是死记硬背，不关心概念、理论的建立过程，对知识的理解、掌握仅停留在浅层次上。故在解决复杂的物理问题时，仅凭直观感觉解题，学习效果可想而知。

初中阶段不太严密的学习内容和学习方式使学生形成了不利的思维定式。

如高中第一章的力，初中也学过，以弹力为例，在初中除弹簧的弹力以外，其余的弹力都由生活中的实例引出，并且都是从力的作用效果进行分析，如支持力、拉力、压力等，而没有涉及其产生的原因。这样做的目的是为了初中生在学习时便于掌握，但却给进入高一的同学的进一步学习带来了不利的影响，使同学们在受力分析时习惯按力的作用效果来分析，如物体静止在斜面上，受力分析时往往多了一个“下滑力”；物体做圆周运动，受力分析时可能存在一个“向心力”。又如初中只讲路程不讲位移，让同学们认为位移就是路程，没有方向性，又把速率的定义作为速度的定义，这都对高中学习位移和速度产生不利的影响。

初中物理问题多以定性分析为主，少量涉及定量计算，对数学知识要求不高。但高中物理对数学内容的要求增加，如高中物理引入的矢量与数学中的向量有关，由平均速度得到瞬时速度要用到数学上的极限知识，运动学中涉及的 $s-t$ 图和 $v-t$ 图，还有解题过程中的求最值问题等都与数学知识密切相关。如果学生的数学基础不扎实，就会影响对物理的学习。

（二）教材的差异和衔接

在教材编写形式方面，考虑到初中生的学习多依赖于形象思维，初中教材编排了很多观察与实验内容，配以“想一想、试一试、练一练”等生动活泼的形式，有的还配上了插图，所占的篇幅大，能激发同学们的学习兴趣。高中教材以叙述为主，形式相对单调，学习过程中要求学生具有较强的抽象和概括能力。

在教材内容方面，初中教材对物理现象、规律只作定性说明、简单的定量计算，而高中教材则常常对物理现象、规律进行模型抽象（如质点）。无论是深度还是广度，高中内容相对初中都有较大的加深。

通过以上的比较和分析可知，高中物理的学习障碍主要体现在初高中衔接中所出现的“台阶”上。这个台阶存在于初高中物理在教材内容、课堂容量、学习方法、思维特点的不同中。初中物理学习的物理现象和物理过程，大多“看得见，摸得着”，而且常常与日常生活现象有着密切的联系。同学们在学习过程中的思维活动，大多属于以生动的自然现象和直观实验为依据的具体的形象思维，较少要求应用科学概念和原理进行逻辑思维等抽象思维方式。初中物理练习题，要求学生解说物理现象的多，计算题一般直接用公式就能得出结果。高中物理学习的内容在深度和广度上比初中有了很大的增加，研究的物理现象比较复杂，且与日常生活现象的联系也不像初中那么紧密。分析物理问题时不仅要从实验出发，有时还要从建立物理模型出发，需要从多方面、多层次来探究问题。高中物理学习中的抽象思维多于形象思维，动态思维多于静态思维，需要学生掌握归纳推理、类比推理和演绎推理等方法，特别需要具有一定的科学想象能力。

所以，在高中学习的起始阶段，如何做好初高中物理学习的衔接，降低初高中物理学习的台阶，使自己尽快适应高中物理的学习，渡过学习物理的难关，就成为同学们的首要任务。

三、高中物理的学习方法

（一）深刻理解物理概念，熟练掌握物理规律

高中物理的学习以抽象思维为主，重在理解。那么需要理解的是什么，又如何理解呢？

首先要深刻理解的就是物理概念，这是物理学习的基石。一般来说，理解物理概念须从以下 6 个方面入手：该物理量的引入目的、

定义的语言精确描述、定义式、单位、矢量还是标量、跟相近物理量的区别。现以速度为例加以说明。①引入目的：描述物体运动的快慢。②定义：位移与发生这段位移所需时间的比值。③定义式：$v=\frac{s}{t}$。④单位：m/s。⑤矢量：速度方向就是物体运动的方向。⑥与速率的区别：速率是路程与时间的比值。

其次要理解的是物理规律，这是应用规律解决实际问题的前提。一般来说，理解物理规律也须从 6 个方面入手：规律的得到过程（推导、实验归纳、推理）、语言的准确描述、表达式、研究对象、使用条件、注意事项等。以动能定理为例。①得到过程：利用牛顿运动定律和运动学公式推导出来。②语言描述：合外力对物体所做的功等于物理动能的变化。③表达式：$W=\frac{1}{2}mv_2^2-\frac{1}{2}mv_1^2$。④研究对象：一般是单个物体。⑤使用条件：不涉及加速度和时间的动力学问题。⑥注意事项：需对物体进行正确的受力分析、做功分析和运动分析。

（二）熟知基本思维方法，注重细节规范答题

高中物理所学内容一般来说都有一定的规律性和技巧性可循，只要在学习的过程中掌握并能熟练应用这些技巧和方法，就能够在物理学习中取得好的成绩。高中物理所涉及的基本思维方法一般有：受力分析法、运动分析法、因果分析法、原型启发法、整体法、隔离法、观察法、归纳法、类比法、等效法、假设推理法，等等。其中，受力分析法和运动分析法是高中物理解题的关键。在对物体进行受力分析时，一定要按照受力分析的顺序正确画出受力分析图，对物体进行运动分析时，一定要画出运动示意图，必要时，要用直尺、三角板、圆规、量角器等认真作图，通过画图能够将抽象问题形象、直观化，易于准确地把握复杂的物理过程。另外，在学习物理的过程中，老师还会帮助我们总结一些简练、易记、实用的推论或论断，在利用这些推论或论断解决问题时，一定要牢记它们的使用条件和适用范围，千万不可断章取义、死套推论。

物理答题的规范化主要体现在三个方面：思想、方法的规范化，解题过程的规范化，物理语言和书写的规范化，对此高考也有明确的要求。如对计算题的要求："解答应写出必要的文字说明、方程式和重要的演算步骤，只写出最后答案的不能得分，有数值计算的题，答案中必须明确写出数值和单位。"物理答题的规范化要求应当从高一时就严格要求，具体来说应做好以下几点。

（1）要养成画受力分析图和运动示意图的习惯。哪怕是看似很简单的问题，也要按步骤完整地画出受力分析图，否则就会养成凭感觉解题的不良习惯，而凭感觉答题是物理学习的大忌！在遇到过程比较复杂或是同时涉及多个物体运动的问题时，画出物体运动示意图可以化繁为简，使问题得以顺利解决。

（2）要养成规范书写物理字母、符号的习惯。一是要正确地书写一些易混的字母，如 u、v 与 μ，ρ 与 p，q 与 g，m 与 M 等。二要把物理量的符号跟单位的符号分清，比如符号 m，它若表示物理量就是质量，若表示单位就是位移、路程、长度的单位。三是一些符号有习惯上的意义，最好不要乱加设定，比如重力一般均用符号 mg 表示，摩擦力一般均用 f 表示，等等。

（3）要养成规范解题过程的习惯。解题过程的规范流程应该有 7 大步骤：①说明以谁为研究对象（单个物体还是某一系统）；②说明研究的是哪一个过程，或哪几个过程，或哪一个状态；③说明满足的规律或适应的公式；④写出公式的原式；⑤代入数据；⑥得出结果或结论；⑦对结果或结论加以说明或解释。这里特别要说明的是，方程的原式是解题的核心和关键，写出的方程式必须是能反映出所依据的物理规律的原式或基本式，不能以变形式、结果式代替原式。同时，原式应该全部用字母、符号来表示，不能字母、符号和数据混合，更不能以数据式代替原式。

（三）重视演示分组实验，提高探究拓展能力

物理学是一门以实验为基础的科学，所以在物理学中物理实验占有很重要的地位。在每年的高考中，物理实验题的占分比例一直很高，而且对实验考查的能力要求也越来越高。

按实验操作者的不同，可以把中学物理实验分为“教师演示实验”和“学生分组实验”；按实验目的的不同又可以分为“测定性实验”、“验证性实验”、“探究性实验”和“设计性实验”；等等。演示实验一般出现在学习新的知识前，我们只有仔细观察，认真思考，才能顺利地接受和深刻理解新的知识。对教材中的每一个分组实验，都要求同学们能熟练掌握以下的7大要素：实验目的、实验原理、实验器材、实验步骤、注意事项、数据处理和误差分析等。这里的每一个要素都十分重要，是全面理解实验必不可少的组成部分。

要想使分组实验达到最佳效果，必须做到以下两点。

（1）实验前做好充分的准备。实验前的准备是保证实验得以正确进行和取得较大收获的重要前提，只有实验前做好准备，才能自觉地、有目的地做好实验，反之只会盲目操作，低效实践。因此，在实验前要求做到：首先要明确实验目的，弄懂实验原理；其次要明确所用仪器装置，弄清楚操作步骤及注意事项；再次要事先设计好记录数据的表格等。

（2）实验时，要严格按实验操作步骤、操作规范要求以及注意事项进行实验。首先要了解仪器装置的性能、规格、使用方法，要仔细安装和调节实验装置，使之符合实验条件。按实验步骤逐步操作时，应该在实验原理的指导下，正确地使用仪器。在进行每一步操作前，先想想可能出现的结果。如果跟自己预期的不符合，要想想是为什么，是否合理。实验过程中出现了故障，自己先想想可能的原因，再请老师帮助解决，并注意学习老师如何检查和排除故障。要仔细观测和记录原始数据，注意有效数字并标明单位。要以科学的态度对待实验现象和实验结果，要尊重实验事实，不能擅自修改实验数据。

总之，要把每一次分组实验都看做是一次对自己动手能力和实践能力的培养，千万不可敷衍了事。

第五节　化学学习方法指导

一、化学学科的特点

1. *以化学基础知识为载体*

初中化学和高中化学都是以学生必须具备的最基本的科学素养为前提选择和组织学习内容的。元素化合物知识是与日常生活、科学技术、生存环境密切相关的；涉及的化学概念和理论也是最基本的；化学实验只要求认识简单仪器，掌握基本操作；化学计算也只要求学生能进行比较简单的数据运算。通过这些化学基础知识的学习和基本技能的训练，培养学生基本的化学科学素养。

初高中化学除具有上述共同的基础性特点外，还具有一些不同的特点。

（1）初中化学知识内容少、难度低，知识内容主要限定在教材之中，一般不向外拓展，并且教学进度相对较慢；高中化学知识内容多，难度相对较大，拓展性也较强，而教学进度又相对较快。

（2）初中化学中每一新知识的引入往往与学生的日常生活实际很贴近，而且比较形象，趣味性强，侧重于形象思维；而高中化学中的概念抽象、规律严谨、逻辑性强，注重抽象思维。

（3）初中化学在知识上不具有严密的科学体系，观念、方法上也不具有认识的深刻性，因而初中化学强调记忆。高中化学在知识体系上相对严密，逻辑性强，一系列的基本化学观念都需要在高中阶段建立，化学学科的思想方法也要随之形成，因而高中化学除强调记忆外，更强调分析、推理、理解。

2. *以化学实验为基础*

这是初高中化学学科共同具有的特点。化学上的规律、理论都源于实验并要在实践中接受检验。因此，离开了实验就不称其为化学。我国著名化学家戴安邦教授认为："实验室是培养全面化学人才的最好场所。”因此，不做实验是学不好化学的。现在倡导的“探究学习”或“发现学习”，都强调化学学习的实践性，强调化学学习的过程，重视对科学方法、实验方法等的培养，就是为了突出化学以实验为基础这一特征。

当然，与其他自然科学不同的是，化学是在分子、原子层面上研究物质的组成、结构、性质、变化、制备和应用的自然科学。这就决定了化学实验与物理实验、生物实验的不同。化学学科是通过化学实验识别分子、测定分子、获得分子、创造分子并揭示分子重组的规律。

3. 以物质结构理论为主线

化学学科是由一系列化学基本概念、基本原理、基本规律构成的，具有严密的逻辑性。它的核心部分是基本原理、基本规律。现行初高中化学教材的内容虽然属于基础性知识，但却不是零散地堆积，胡乱地拼凑，其中的每一组成部分都受整体内在规律的支配。这个规律就是作为化学主导理论的物质结构理论。化学这门学科的研究对象是源于核外电子的运动，化学反应的实质就是构成物质的原子的重新组合，即化学键的断裂与重新形成的过程，亦即核外电子的重新排布的过程。这是解释一切化学现象的主导理论。认识到贯穿于中学化学知识的这一条主线，使整个化学知识成为一个有机联系的整体，就可以抓住化学认识的本质，形成一种最基本的化学观念，从而起到纲举目张的作用。

4. 以 STSE 教育为宗旨

STSE 是科学（Science）、技术（Technology）、社会（Society）、环境（Environment）的英文缩写。

由科学、技术、社会、环境构成的 STSE 教育强调科学、技术、社会、环境的相互关系，重视科学技术在社会生产、生活环境和社会发展中的作用，是指导和实施化学学科教育的新理念。科学技术的迅速发展在为人类创造高度物质文明的同时，也带来了能源、资源、材料、环境、健康等问题，并严重威胁着人类的生存和发展，而这些问题的解决都与化学研究息息相关。化学已成为自然科学的中心学科，与人类生活、社会环境、经济的发展以及新技术领域的关系十分密切，并在其中得到广泛应用。化学在推动人类社会发展的进程中正发挥着越来越重要的作用，也就是说，化学是实用的科学。

5. 以化学用语为工具

化学这门学科的特点之一就是具有不同于其他学科的一套专用符号，即化学语言（化学用语）。化学用语包括元素符号、化学式、结构式和化学反应方程式等。这个高度浓缩的符号体系能够准确、简洁地记录和表达极为丰富的化学信息与化学本质，不仅方便于交流，更是对化学科学的传承和发展起着不可估量的作用。

化学用语能够准确表达化学含义。例如“氧”这个词不能准确地表达其化学含义——是氧元素还是氧气并不明确。而符号语言（化学用语）则以 O 和 O_2 分别准确地表示出这二者的含义：前者表示氧元素或氧原子，后者表示氧气或氧气分子。化学式能准确地表示物质的化学组成。如“H_2O”可以准确地表示 1 个水分子是由 2 个氢原子和 1 个氧原子构成的，“NaCl”可以表示氯化钠晶体中钠离子和氯离子的个数比为 1:1。结构式能够反映物质分子内部各元素原子结合的秩序，即原子的联结方式和联结顺序。化学反应方程式能准确地表示物质的化学反应。它不仅表示一个具体反应有哪些反应物参加，生成什么产物，它们处于什么状态，彼此间的数量关系以及必须具备的反应条件等，而且可以表示一类反应的实质。它不仅体现化学反应前后的质量守恒关系，而且能够表示反应过程的能量变化（热化学方程式）。化学反应对于反应条件极其敏感，同样的反应物在不同的反应条件下可以得到不同的产物。根据反应方程式不仅能够计算产物的理论值，而且可以计算原子利用率，进而判断反应是否符合绿色化学的要求。

由此可见，掌握化学语言是进入化学科学殿堂的必备工具。可以说，不会化学语言，就看不懂化学书，理解不了化学内容。化学作为一门科学，积累了人类对宏观世界化学现象的科学思维。化学语言作为一套符号系统，使得化学科学思维在形式上达到极致。

6. 以灵活运用化学规律为学习特点

（1）化学规律很少能够绝对化。在初中我们学过这样一个规律："弱酸不能制强酸"，但这个规律在高中有不相符的实验特例，如：

$H_2S + CuSO_4 \xlongequal{} CuS\downarrow + H_2SO_4$，实际上就是弱酸（氢硫酸）制取了强酸（硫酸）。

（2）化学规律有它成立的前提条件。如，在电解质的导电性实验中，CH_3COOH 溶液、氨水的导电性相对弱一些，由此若得出"弱电解质溶液的导电性一定比强电解质溶液的导电性差"的结论，那就错了。该实验的前提是各电解质溶液的起始分子浓度相同，温度相同。

（3）化学规律有普遍性和特殊性。如，浓 H_2SO_4 具有强氧化性，但它不能氧化 SO_2；Fe^{3+} 也是常见的强氧化剂之一，Fe^{2+} 是常见的强还原剂之一，但两者不能发生氧化还原反应。为什么？受另一规律的制约："同一反应中同种元素的相邻价态之间不能反应"。

（4）化学规律有其正、反两方面的互补性。例如，I^-、S^{2-} 的还原性强，反过来它们单质的氧化性弱，而且 I^-、S^{2-} 处于最低价态没有氧化性；锌的金属活动性强于铜，反过来 Zn^{2+} 的氧化性就弱于 Cu^{2+}。在化学学习过程中我们能找到许多这样正、反两面具有互补性的例子。

因此，在化学学习中，对一些化学规律的学习不能绝对化，要研究其适用条件和适用范围，同时还要学会变通，进行灵活运用。

二、初高中化学知识的差异和衔接

1. 学习目标方面

初中化学是启蒙学科，是九年义务教育阶段的素质教育。初中化学主要要求学生掌握简单的化学知识、基本化学实验技能、简单化学计算及化学在生活、生产及国防的某些应用；知识层次以要求学生"知其然"为主。

高中化学是在九年义务教育的基础上实施的较高层次的基础教育，化学知识逐渐向系统化、理论化靠近，对所学习的化学知识有相当一部分要求学生不但要“知其然”而且要“知其所以然”。学生既要能运用所学知识解决具体问题，还要能在实际应用中有所创新。

2. 知识体系方面

初中化学主要是从生产、生活实际出发，对日常遇到的一些化学现象进行学习与探究；通过化学实验手段对学生进行化学基础知识的学习，因此初中化学的知识体系并不系统和完善。

高中化学则以元素化合物为基础，以化学实验为手段，以基础化学理论为指导，加强对化学知识体系的构建，探究化学的基本规律与方法，加强了化学知识的内在联系。同时，高中化学还密切联系生产、生活，寻求解决实际生产、生活中的化学问题的方法，着重于从“生活实际→化学实验→化学原理→问题探究→化学规律”来构建高中化学知识体系。

3. 知识点方面

（1）物质分类方法的差异与衔接。

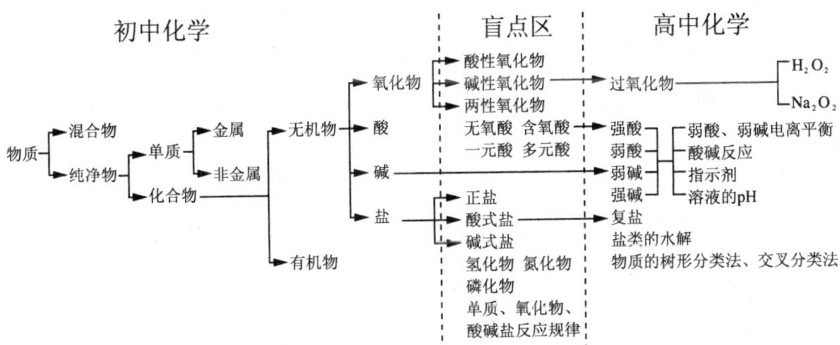

物质分类知识，对于初中启蒙教育而言，只要求通过一些简单事例（如纯净物与混合物、氧化物、酸、碱、盐的区别）的了解，认识物质种类繁多而有序，可以依组成性质加以分类就足够了。而高中必修模块，要求学生深入了解物质的分类方法，通过对分散在各章节的各类物质典型代表物的学习，系统了解各类物质的区别与转化关系，如知道从性质上区别酸性氧化物、碱性氧化物、两性氧

化物，知道它们在什么条件下可以转化为盐、转化为何种盐，从初中粗浅地认识氧化物发展、过渡到高中系统地认识三类氧化物及其转化。此外，由于初中没有系统介绍电离的知识，因而不可能从电离的角度对酸碱盐进行定义，也不能给出它们的通性，它们之间的转化教师也不可能深入地介绍，这必然要求在高中期间加以很好地衔接。

为顺利衔接，建议学生加强对酸、碱、盐“溶解性表”的记忆。

（2）化学用语的差异与衔接。

化学用语作为一种化学专业的特殊符号系统，对化学专业知识的学习至关重要，正确而熟练地掌握化学用语是绝对必要的。由于初中化合价的概念给出不够完整、严密，再加上对常见元素的化合价不要求记忆，导致化学用语不会写或书写不正确。而高中又没有单独对化合价进行阐述，因此这为高中化学的学习造成很大的困难。（暑期中或高中开学初）建议对以下知识进行补充：

A. 对常见元素及原子团的化合价进行必要的记忆，并从中找出一定的规律；

B. 对一些常见的化合物能熟练地判断出元素的化合价；

C. 能利用化合价规则和书写化学式的一般规则正确书写一些简单的化学式；

D. 能对一些简单的化学反应进行配平并加强记忆。

只有在完成以上学习任务的基础上才能顺利地进入高中课程的学习，特别是进入氧化还原反应概念的学习和元素化合物的学习。

（3）化学反应类型的差异与衔接。

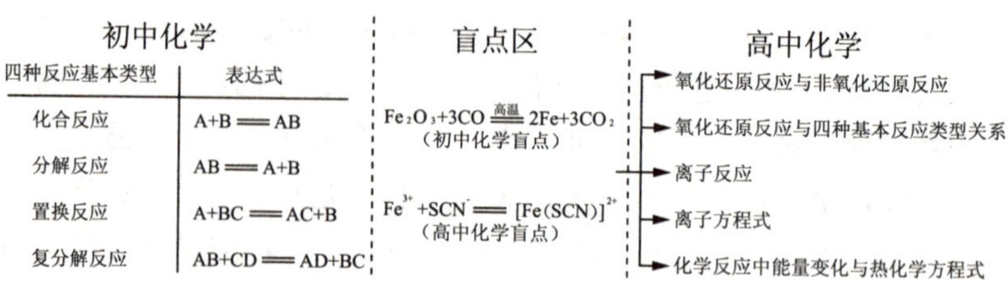

初中阶段从得氧、失氧角度认识氧化还原反应，而高中阶段对氧化还原反应的认识则是从得失电子的角度。因此，对氧化还原反应概念之间的相互联系应进行有机的贯通，以便于对氧化还原反应加深理解。建议同学们进行如下归纳：

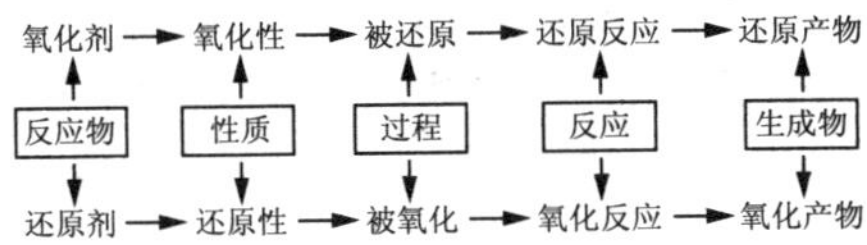

（4）化学反应规律的继承与衔接。

初中化学	盲点区	高中化学
（1）金属活动顺序和转换反应规律 （2）复分解反应规律	单质、氧化物、酸碱盐相互关系及反应规律	（1）氧化还原反应规律 （2）离子的放电顺序规律（电化学） （3）元素的位、构、性（物质结构） （4）强制弱规律 （5）相似相溶规律（物质结构） （6）非金属活动性强弱（元素化合物） （7）等效平衡规律（化学平衡） （8）有机反应及其规律（有机化学）

（5）物质结构知识的继承与衔接。

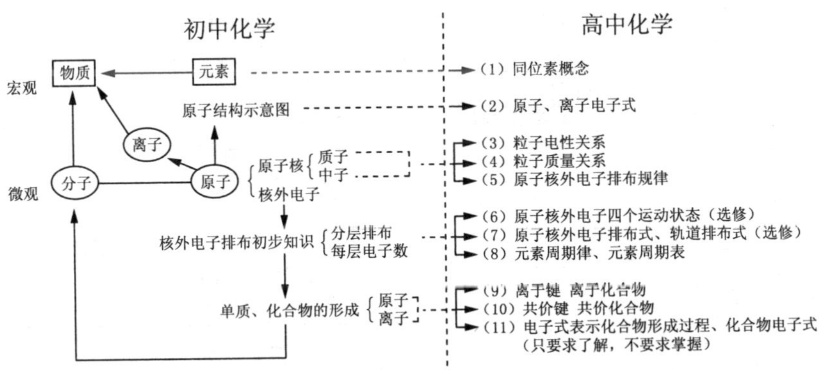

初中化学只举例介绍原子核外电子的排布情况，而高一化学就介绍了核外电子排布的三条规律，给出了1～18号元素的原子结构示意图。初中化学只列举了有关离子化合物和共价化合物的简单例子，高一化学则在此基础上介绍了离子晶体、原子晶体的概念、结构特征及物理性质等。

（6）元素化合物的继承与衔接。

在初中阶段，我们对元素化合物的认识主要是在单一物质模式上，也就是从单一物质角度认识物质。

在高中必修1阶段，我们对元素化合物的认识应该提升到单一元素模式上，也就是不仅能够认识一种元素的不同类型和不同价态的代表物的性质，还能够了解这些物质之间的重要的转化关系。当然不要求达到结构水平（电子水平）。

当我们学习了原子结构的知识之后，我们知道了某种元素氧化性或还原性的原子结构要素——最外层电子数、原子半径、核电核数。这时，我们对元素化合物的认识会发展到元素关系模式，也就是元素周期性认识，开始不仅仅关注某一种元素及其化合物的性质，还要关注不同元素之间的比较，如同周期、同主族元素得失电子能力的比较等，而且要求这种元素之间的比较是基于原子结构特征的，当然这只是有限的水平。

（7）化学实验方法的继承与衔接。

初中化学实验

- （1）化学实验基本操作
  - ①常见仪器的认识和使用
  - ②药品的取用
    - 固体药品的取用
    - 液体药品的取用
  - ③物质的称量
    - 托盘天平的使用
    - 量筒的使用
  - ④物质的分离——过滤操作重结晶
- （2）物质性质实验
  - ①氢气、氧气的性质实验
  - ②燃烧条件的性质实验
  - ③CO_2的性质实验
  - ④酸碱盐的性质实验
- （3）物质制备实验
  - ①氢气、氧气的制取
  - ②二氧化碳的制取
- （4）定量实验
  - ①配置一定质量分数的溶液
  - ②氯酸钾分解的定量研究
- （5）实验探究与实验设计和评价
  - ①实验探究过程与评价
  - ②实验方案设计与评价过渡衔接高中学习
- （6）有机化学实验无（初中盲点区）→过渡高中学习

高中化学实验

- （1）化学实验基本操作
  - ①试纸的使用
  - ②物质的保存方法
  - ③实验安全事故的处理方法
  - ④溶液的配制与保存方法
  - ⑤物质的分离、提纯（化学分离、提纯方法）
    - 物理分离、提纯方法
    - 萃取与分液
    - 蒸馏与分馏
    - 盐析与渗析
- （2）物质性质实验
  - 主族元素单质、氧化物、酸、碱、盐各代表物的性质实验
- （3）物质制备实验
  - Cl_2、NH_3、$Fe(OH)_2$、$Al(OH)_3$、$Fe(OH)_3$胶体、$CH_3COOC_2H_5$
  - （工业制法）合成氨、氯碱工业、制硫酸、制硝酸、制玻璃、制纯碱
- （4）定量实验
  - ①配制一定物质的量浓度的溶液
  - ②酸碱中和滴定
  - ③反应热的测定
  - ④硫酸铜结晶水的测定

（8）化学计算方法的继承与延伸点的衔接。

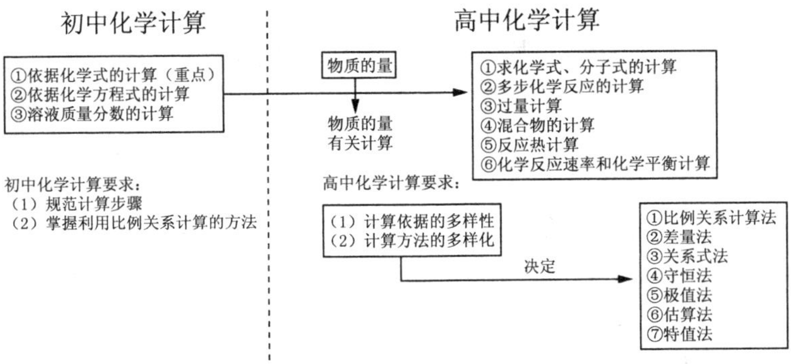

初中溶液质量分数的有关计算与高中物质的量浓度的有关计算有一定的联系，要做好衔接；初中以物质的质量计算为主，高中以物质的量计算为主，要有意识地进行转换，加强训练。

三、高中化学学习方法

初中学生学习化学的方法主要是记忆和简单模仿，这种较为简单、机械的方法不适应高中注重能力及创新的要求。改进学习方法，适应高中化学的学习，是学好高中化学的基础。

1. 初步认识科学的一般过程和特点

《普通高中化学课程标准（实验）》中关于必修模块的内容标准明确要求学生学习一些主要的科学方法，如“认识观察、实验、假说、模型、比较、分类等科学方法对化学研究的作用”，“体验科学探究的过程，学习运用以实验为基础的实证研究方法”，“初步认识实验方案设计、实验条件控制、数据处理等方法在化学学习和科学研究中的应用”，等等。学习过程中要自觉利用教材中的实例，科学、合理地运用这些方法研究物质的性质，并体验研究物质性质的一般程序。

2. 认真体验和了解化学科学研究的特点和过程方法

《普通高中化学课程标准（实验）》明确要求：“知道化学科学

的主要研究对象，了解20世纪化学发展的基本特征和21世纪化学的发展趋势；知道化学是在分子层次上认识物质和合成新物质的一门科学；了解物质的组成、结构和性质的关系；认识化学变化的本质；体会定量研究的方法对研究和学习化学的重要作用。”

3. 学习化学实验的过程方法，既要学习必要的化学实验技能，也要学习科学研究的方法

以实验为基础是化学学科的基本特征。在化学实验方面，与原来教学大纲和教材相比，课程标准和新教材不仅针对实验技能提出了具体的学习内容和要求，而且将化学实验作为化学科学探究的基本方法，提出了一系列明确的发展性要求。同学们在学习过程中要积极参与学生分组实验，认真观察教师演示实验。

不管是分组实验，还是演示实验，都要通过认真观察得出结论：

（1）应明确实验目的，确定实验观察的重点。教材中实验是实现某一教学内容的载体，实验目的决定了实验观察和研究的重点。只有明确重点观察的内容，抓住本质的现象，才能有效地观察、有效地学习。

（2）明确观察的要素和程序，全面、有序地进行实验观察。

第一阶段（实验前）观察要素为：反应物的物理性质（如反应的颜色、状态、气味等）；反应条件（如是否加热、通电等）；反应装置（用什么作反应装置、装置有何特点等）；操作顺序（如何组装实验装置、添加药品的先后顺序如何等）；其他（如药品的用量、实验注意事项等）。

第二阶段（实验中）观察要素为：反应过程中的主要现象（如是否有颜色变化，是否有气体生成，是否有沉淀析出，是否发光、放热等）。

第三阶段（实验后）观察要素为：是否有新物质生成；新物质的颜色、状态、气味、溶解性如何等；仪器拆分顺序；仪器整理等。

（3）协调多种感觉器官。实验现象的观察，往往不仅仅依靠眼睛观察来完成。在很多实验中，还需要借助手、鼻等感官，只有这

样，才能获得全面、科学的结论。

此外，在实验现象的观察过程中，还要克服下列不良习惯：①只注意强烈刺激作用的现象，而忽视其他现象；②由于不能高度集中注意力，忽略了稍纵即逝的现象；③只注意观察实验过程中的现象，而忽略对实验操作顺序、装置特点的观察；④只观察不思考等。

4. 充分利用教材中的各种学习栏目

为了引导学生积极学习，教材设置了多种活动栏目。

【联想·质疑】　一般出现在新内容学习的开始。它在同学们已有的经验或者熟悉的事实和现象的基础上设置有关的学习情境，并提出问题引发思考，使大家对将要学习的内容充满兴趣。学习过程中要充分利用这一栏目提出的问题，积极思考，勇于质疑。

【观察·思考】　引导同学们认真观察老师所做的演示实验或观看实验录像，准确记录实验现象，仔细分析现象产生的原因，不断提高观察能力和思维能力。

【活动·探究】　在此栏目设置的学习活动中，同学们将通过实验探究或其他形式的探究活动来揭示化学科学的奥秘。活动过程中不能袖手旁观，要积极参与、积极体验，既培养自己的动手能力，又培养小组合作的能力，同时提高对化学问题的探究能力。

【交流·研讨】　这是同学们各抒己见的园地。通过对此栏目所提问题的交流讨论，大家将获得更多的信息，并使自己对有关问题的认识更加深刻。不能只当听众，要勇于发言，敢于阐述自己的观点，既可促进自己的思考，也可锻炼自己的语言表达能力。

【迁移·应用】　学习了新的知识后，同学们可以利用此栏目提出的问题或介绍的方法来检验自己对新知识的掌握程度。要积极参与课堂练习，及时地将学过的知识进行巩固和应用。

【概括·整合】　学完一节内容后，同学们可以在此栏目的引导下建立新旧知识之间的联系，对在知识与技能、过程与方法、情感态度与价值观三方面的收获进行总结。“概括·整合”是一个认识再提高的过程，这一过程可以帮助我们提高综合归纳的能力。

此外，教材还设置了“方法导引”、“工具栏”、“资料在线”、“知识支持”、“知识点击”、“身边的化学”、“化学与技术”及“追根寻源”等栏目。其中，“方法导引”和“工具栏”属于方法指导性栏目，为同学们解决问题提供相关的方法、思路、资料和数据等；“知识支持”为同学们开展探究活动提供及时的帮助；“知识点击”属于提高性栏目，为学有余力的同学进一步学习有关知识进行点拨；“身边的化学”、“化学与技术”、“资料在线”和“追根寻源”属于拓展性栏目，目的在于引导同学们高观点、大视野、多角度地认识化学科学。

5. 认真体会化学的基本思想

（1）化学规律必须尊重化学实验与事实。Fe^{2+}、Cu^{2+}、Fe^{3+}在水溶液中分别呈浅绿色、蓝色、黄色。这就是事实，谁都不能更改它！$CaCO_3$与稀盐酸反应有CO_2气体放出，$CaCO_3$与 NaOH 不反应，这也是事实，我们不能否认它。所以，学习化学必须尊重物质的组成、结构、性质这些最基本的事实，只有这样才能够较好地掌握它们之间变化的内在规律。对物质的分析与思考必须建立在从事实到事实的联结上，绝不能空想或歪想，否则就会出现编造物质的性质或化学反应方程式的现象。

（2）化学之中蕴涵着丰富的辩证思想。例如，我们说化学规律是有前提的，换句话说，化学中没有绝对的规律，只有相对的规律。化学中有普遍规律，也有特殊规律。若我们用这种辩证的思想去接受化学事实，就会觉得化学很有趣味，而不会像某些同学说的“一会儿这么说，一会儿那么说，化学就是瞎说！”

（3）结构决定性质是贯穿化学始终的一个根本规律。一种物质的“色、态、味、硬度、密度”，能够发生什么样的反应都可以从物质的结构上去找到根本原因。

由此看来，体味化学之根本应从物质的结构、化学实验这些基本的事实中用辩证的思想去寻求、感悟！

6. 及时建立各类知识的内部网络结构

中学化学中各类知识均有其内在的知识结构，如基本概念中物质的分类涉及一系列的概念，这些概念都存在一定的关联，了解它们之间的联系，可以帮助理解和记忆。再如元素化合物知识中每一种元素的单质和化合物之间有的是通过化合价的变化（氧化还原反应）发生联系，有的是同价态之间的相互转化，抓住了它们之间的联系方式，也就建立了自己的知识网络。

7. 善于概括整合，建立不同知识之间的联系

有些知识看上去好像联系不大，但仔细琢磨就会发现它们之间实际上是密切联系的。如高中将要学习各种化学基本理论，有化学平衡理论、电离理论等，这些理论都要涉及平衡常数以及平衡的移动。如果我们能够对这些看似不同的常数进行分析，就会发现它们的共同特征。

另外，任何事物之间都是相互联系的，化学各部分知识之间同样如此。要学好元素化合物知识、化学实验、化学计算，就必须学好基本概念和基本理论。基本概念和基本理论对以上知识的学习起到指导作用，而基本概念和基本理论又离不开元素化合物和化学实验，元素化合物和化学实验是建立在基本概念和基本理论的基础之上。至于化学实验和化学计算更是与元素化合物之间存在密不可分的关系。因此，要学好化学，必须善于将部分知识进行整合，建立密切的联系。

8. 善于发现和总结规律

化学学习中要善于发现、善于总结，只有做学习的有心人才能发现规律、掌握规律，并使这些规律为自己的学习服务。如化学实验中，制取不同的物质所用的试剂是不同的，但如果我们认真总结就会发现可以将这些试剂及相关反应分为三类：固体与固体加热的反应，固体与液体加热的反应，固体与液体不加热的反应。有了这样的分类，我们就可以准确地选择合适的装置。再如不同的实验装置检查气密性的方法是不同的，但仔细分析，它们实际上都遵循同样的物理原理，等等。

9. 注重记忆

有人把化学称为“理科中的文科”，这说明加强记忆是学好化学的重要保证。

（1）记忆“知识源头”，如代表物，典型实验。以此为依据进行分析、判断、推理才可以形成正确的结论。这种“知识源”就是物质的结构、物理性质、化学性质的一种活“标本”，我们能从中提取各种各样的信息。中学化学中抓好代表物的学习是一种很好的策略。

（2）记忆知识的主线索。例如，Na 在化学反应中完全失去最外层电子，形成 +1价的 Na^+，这是实验事实。那么，它为什么形成 +1价的阳离子呢？由于 Na 原子的最外电子层只有 1 个电子。最外层只有 1 个电子的原子还有哪些呢？H、Li、K、Rb、Cs。

再换一种知识源：用同样的方法去分析 Ca、Cl，并按此思路、线索分析：Be、Mg、Ca、Sr、Ba；F、Cl、Br、I。

显然，通过对三个“知识源”Na、Ca、Cl 的结构研究，运用“结构决定性质”的规律——结构有相似性，性质必然有相似性；结构有差异性，性质也随之有差异性，通过分析、类比、推理，我们就能很轻松地把握同一“主线索”的多种物质的结构和性质。在化学学习中，我们随时可以用这种局部线索去思考，学习各类结构、性质、规律。

（3）记知识的“制高面”。“知识源”就像桥墩的根基，“主线索”就像桥墩，“制高面”就像桥面。化学学习中常见的“制高面”有：①元素周期表；②溶解性表；③化学反应的网络关系；④基本理论的思考模型；⑤主要的化学思维方式等。

如果我们用这样的方式去构建自己学习化学的认知系统，化学就会显得丰富而精彩，就不再是“多、杂、散、乱”的感觉了！

（4）要善于理解记忆。什么叫理解记忆？比如高一学习离子反应这个概念，“凡是有离子参加或者离子生成的化学反应叫离子反应”。那么，我们就要具体地来理解这个概念中的每个字、词的含义。首先是离子。中学化学中的离子指的是可自由移动的离子，进而联想到在什么情况下才有自由移动的离子。通过前面对电解质电离知识的学习知道，能够产生自由移动的离子有两种情况：一种是离子化合物（包括盐和碱）在熔融状态下，一种是在水溶液中。也就是说，只有在这两种状态下，才有可能产生自由移动的离子。对下面这个反应：

$$2NH_4Cl(s)+Ca(OH)_2(s)=\!=\!=2NH_3\uparrow+CaCl_2(s)+2H_2O\uparrow$$

虽然反应物中均含有离子，但是没有自由移动的离子，在生成物中也是没有自由移动的离子，中学阶段对这样的反应不研究，也写不出它的离子反应方程式来，只能用化学方程式来表示。其次是“有离子参加或者离子生成”，这里包含了两层意思：第一，很明显反应物中有离子参加而没有要求生成物中一定要有离子生成；同样，生成物中有离子生成时也不一定非要反应物中有离子参加。比如以下两个反应：$Ca(OH)_2+Ca(HCO_3)_2=\!=\!=2CaCO_3\downarrow+2H_2O$，$2Na+2H_2O=\!=\!=2NaOH+H_2\uparrow$。第二，在离子反应的概念中，其中一个“有”字，说明并非一定要所有的反应物都以自由移动的离子来参加反应，至少有一种即可，当然也就是并非生成物中也一定要有自由移动的离子生成。在这样理解的基础上，我们不难用这样一句好理解的话来总结离子反应的概念，即“只要化学反应中有自由移动的离子，那么该反应就是离子反应”，而这句话是要大家在分析和理解后才得出的结论，这样记忆起来也就容易得多了。

（5）特殊情况特别记忆。比如，有些常用的、符合大家思维习惯的知识，大家就容易记住，而有些受前者的干扰常被大家混为一谈的知识，就需要特别的关注，以免关键时刻出现“粗心”而导致错误。例如，我们通常对氧化还原反应有这样简单的记忆：“凡是有单质参加或者生成的反应就是氧化还原反应”。殊不知，“石墨→金刚石”、“$O_2\rightarrow O_3$”，这些单质之间的转化由于没有化合价的升降，因而不属于氧化还原反应。由这个事实说明，我们要抓住判断一个事物的本质依据，氧化还原反应判断的本质依据就是是否有化合价的变化。

附件：

普通高中化学模块简介

化学1：在初中化学的基础上进一步认识化学科学。主要内容包括：化学科学研究的主要对象；20世纪化学发展的基本特征和21世纪化学的发展趋势；以氯、钠两种元素为例探讨研究物质性质的方法和程序（实验、假说、模型、比较、分类等）；化学中常用的物理量——物质的量及其单位（摩尔）；元素与物质的分类（电解质、氧化剂和还原剂）；自然界中的元素（碳、氮、硫等）；以硅为例介绍非金属材料，以铝为例介绍金属材料、复合材料等。

化学1是全体学生都必须修习的，也是高考的必考内容。化学1安排在高一第一学期进行。

化学2：主要内容包括：初步介绍原子结构和元素周期律的知识，了解物质的组成、结构和性质的关系，认识化学变化的本质，化学键、化学反应与能量，重要的有机化合物。

化学2是全体学生都必须修习的，也是高考的必考内容。化学2安排在高一第二学期进行。

选修1（化学与生活）：主要内容包括：空气质量、饮用水的处理、垃圾的妥善处理与利用；食物中的营养素、平衡膳食、食品添加剂、保健食品；合理利用化学能源（电池、家用和车用燃料）；生活中的材料（衣料、宝石、家居装修材料、金属制品的防护、几种高分子材料的应用）；化学用品（家庭小药箱、卫生清洁用品的使用）。

化学与生活属于选修内容，一般适合于文科倾向的学生修习，理科高考无此模块的考题。该模块一般安排在高二年级进行。

选修2（化学与技术）：主要内容包括：空气资源 氨的合成；海水资源 工业制碱；矿山资源 硫酸与无机材料制造；化石燃料 石油和煤的综合利用；生物资源 农产品的化学加工；化学·技术·社会。

化学与技术属于选修模块，适合于理科倾向的学生修习，属于高考选考模块。该模块与元素化合物知识有较大的关联，可在高二年级修习。

选修3（物质结构与性质）：主要内容包括：原子结构（原子结构模型、原子结构与元素周期律、原子结构与元素性质）；化学键与分子间作用力（共价键模型，共价键与分子的立体结构，离子键、配位键与金属键，分子间作用力与物质性质）；物质的聚集状态与物质性质。

物质结构与性质属于选修模块，适合于理科倾向的学生修习，属于高考选考模块。该模块与化学2的第一章有一定的关联，可在高二年级修习。

选修4（化学反应原理）：主要内容包括：化学反应与能量变化（化学反应的热效应，电解、电池）；化学反应的方向、限度与速率（化学反应的方向，化学反应的限度，化学反应的速率，化学反应条件的优化——工业合成氨）；物质在水溶液中的行为（水溶液，弱电解质的电离，盐类的水解，沉淀溶解平衡，离子反应）。

化学反应原理属于选修模块，但属于理科高考必考内容，所有理科倾向的学生都必须修习。该模块一般安排在高二第一学期进行。

选修5（有机化学基础）：主要内容包括：有机化合物的结构与性质 烃（认识有机化学，有机化合物的结构与性质，烃）；官能团与有机化学反应 烃的衍生物（有机化学反应的类型 醇、酚、醛、酮、糖、羧酸、氨基酸和蛋白质）；有机合成及其应用 合成高分子化合物（有机化合物的合成，有机化合物结构的测定，合成高分子化合物，物质的其他聚集状态）。

有机化学基础属于选修模块，属于理科倾向学生高考的选考内容。一般安排在高二第二学期进行。

选修6（化学实验）：主要内容有：物质的分离（盐的精制，植物中某些成分的制取）；物质性质及反应规律的研究（研究物质性质的基本方法，认识发生在盐溶液中的化学反应）；物质的检测（物质组分的检验，物质中某组分含量的测定）；物质的制备（实验室制备日用化学品，实验室制备化工原料）。

化学实验为理科倾向选修模块，但不属于高考的选考内容。有兴趣的同学可在高二或高三第一学期修习。

第六节　生物学习方法指导

一、生物学科的特点

1. 生物学具有很强的系统性

从生命结构的层次来看，生物学可分为分子水平（生物小分子、生物大分子）、细胞水平（细胞显微结构、亚显微结构）、个体水平（细胞、组织、器官、系统、个体）和群体水平（生物种群、群落、生态系统、生物圈）等不同层次的系统，每个系统内部有其各自不同的规律和特点，系统与系统之间又有紧密的联系，大系统由小系统组成，小系统又受大系统的制约和影响；生物体各器官系统之间又是相互制约和相互依存的，例如人体的运动、神经、消化、循环、呼吸、排泄等系统及其他器官的协调都是通过神经系统和内分泌系统来调节的。

2. 生物学具有丰富的哲学内涵

生物学反映了许多自然界的规律，同时也印证了自然辩证法的许多思想。认识和掌握这些哲学思想，有助于我们对自然规律的全面理解和把握。

（1）生命活动有其物质基础。

无论是非细胞结构的病毒，还是有细胞结构的原核生物、真核生物，无论是低等的菌类、藻类，还是高等的动物、植物，无一例外都是由各种化学元素组成的。构成生物的各种化学元素，在无机自然界中都可以找到，没有一种是生命物质所特有的。

C、H、O 等化学元素构成了多种化合物，包括无机化合物和有机化合物；无机化合物包括水和无机盐，有机化合物包括蛋白质、核酸、糖类和脂质；这些有机化合物和无机化合物共同组成了原生质；原生质通过分化，形成了细胞膜、细胞质和细胞核，三者共同组成了细胞；不同细胞的分化、组合形成了不同的组织、器官、系统以及个体。

细胞的分裂、生长与分化所需要的能量也不是凭空产生的，而是依赖高能磷酸化合物（ATP），利用储存在化学键中的化学能。

（2）生命物质是不断运动的。

世界上所有的物质，永远处于不断的运动之中。运动是物质不可分离的属性。对于生命物质来说，也是如此。生命系统是一个开放的系统，生命必须与周围环境之间发生错综复杂的作用，与环境之间必须有物质能量的交换和信息交流，才能得以维持和发展。

细胞代谢是生命运动的表现形式之一。在每一个生物体内，构成生命本身的物质在不断地自我更新。新陈代谢有不同的层次：最基本的是分子水平的代谢，包括生物细胞内各类有机物的更新；其次是细胞水平的代谢，细胞通过不断的增殖和凋亡进行更新；再次是生物个体水平的代谢，主要表现是生物体的自我更新；最后是群体水平的代谢，包括种群、群落、生态系统的自我更新。

这就要求我们在学习的过程中，从各个生命系统层次把握知识，从动态的角度来看待生物的结构与功能特点。

（3）生命运动又是矛盾统一的。

生物学中涉及许多相互对立的概念，如果我们从物质相对运动的角度来理解，就会对这些概念有更深入的认识。

生命物质内部包含着同化与异化两个同时进行的相反过程。同化过程是物质合成、能量储存的过程，异化过程是物质分解、释放能量的过程。二者是相反的活动，但又是相互依存、相互联系的过程。在两个过程中都有物质和能量的变化，同化是异化的基础，异化是同化的动力。新陈代谢的实质是生物体在存在的基础上不断地自我更新。正是同化和异化过程两个对立面既对立又统一，才推动生命物质的运动和发展变化。这种矛盾运动一旦停止，生命也就完结了。

光合作用和呼吸作用的对立和统一、遗传与变异的对立和统一，都是生命运动变化的重要原因。

（4）由量变到质变。

生物体的许多变化都有一个由量变到质变的过程。以遗传与变异为例，在细胞分裂之前，细胞内物质逐步积累，细胞由小变大而至成熟，这是一个量变的过程。当量变积累达到一定的程度，就会引起质变，细胞就会进入分裂阶段而形成两个新的子细胞，这就是质变的过程。从细胞分裂过程中的分裂间期看，细胞似乎是静止的。实际上，这时的细胞内部正发生着很复杂的变化，细胞内在进行DNA的复制以及有关蛋白质的合成。当这些都完成以后，即完成了量变的过程，此时的染色体发生了质的变化，而形成带有两条姐妹染色单体的染色体了。这就是由量变到质变的过程。

3. 生物学应从进化论的角度看问题

生物学中包含了进化论的思想，认为生物的存在与发展是从低级向高级进化的结果，是对自然适应的结果。根据这一原理，我们在学习中要理解以下两点。

（1）生物体结构是与其功能相统一的。

生物体所有的结构都对应其相应的功能，特殊的结构势必具有特殊的功能。例如，茎的结构与其疏导水分、无机盐和有机物的生理功能相适应；细胞内各细胞器的特殊结构与其不同生理功能相统一；DNA分子碱基互补的双螺旋结构与遗传物质复制和传递相统一；细胞膜流动的磷脂双分子层和蛋白质是与细胞膜的选择透过性相统一的。

（2）生物体与生活环境的统一和适应。

在学习的过程中不能忽视环境对生物体的影响。生物的冬眠、夏眠是动物对不良气候的适应；寄生虫消化系统的退化是对其寄生生活的一种适应；保护色、拟态、警戒色以及共生说明了生物体与环境的相互依存和相互影响的关系。我们在学习的过程中，要注意将结构与其相对应的功能紧密结合起来，要注意生物体对环境的适应特点，这样有助于理解和记忆。

4. 生物学是与实践、实验紧密联系的

我们在学习生物学知识时要注意联系生产活动的实践，如结合对基因性状的控制，联系基因工程在农业上的应用；结合遗传的基本规律，联系小麦、玉米的育种，家兔、家禽的配种、优选、提纯复壮；结合基因突变，联系人工诱变在育种上的应用；结合染色体变异，联系单倍体育种和多倍体育种在实践中的应用。这样，既能增强我们对生命科学的兴趣，又能引导自己用学过的知识对实践中的情况加以思考，从而进一步增进对知识的理解。

生物学是实验性科学，实验教学对于提高我们的生物科学素养十分重要。新教材中的实验类型有验证性实验、探究性实验、定量分析性实验、观摩性实验和模拟探究性实验五种类型，实验内容和实验方法丰富。学习、操作各种类型的实验，我们可以亲身体验如何科学地选择实验材料，怎样科学地设计对照实验，如何用表格记录实验数据与实验结果，如何对实验数据及结果进行科学的分析等，使我们在学习科学的实验方法和准确的实验操作技能的同时，不断提高自主学习的能力。新教材更加关注对探究能力的培养，设计了更多的探究实验，培养我们的探究兴趣，激发我们的探究欲望，让我们亲身经历探究过程，接受科学探究方法和技能的训练，不断提高科学探究的能力。

高中生物新教材还强化了以下特点。

（1）将数学方法引入生物课来解决比较抽象的问题。

构建模型是现代生物科学研究的重要方法。分子与细胞模块侧重物理模型和概念模型的构建，如真核细胞三维结构模型和细胞膜的流动镶嵌模型；遗传与进化模块侧重物理模型和数学模型的构建，如DNA分子的双螺旋结构模型、减数分裂中染色体数目和行为变化的模型、种群基因频率变化的数学模型。数学模型的充分利用能将生物课中许多抽象复杂的问题形象化，便于理解和学习。

（2）加强内容的引导性和开放性，促进探究性学习。

观察实验的方法集中于分子与细胞模块，假说演绎的方法集中于遗传和进化模块，系统分析的方法集中于稳态与环境模块，建立模型的方法集中体现在现代生物技术实践模块。教材改变了传统的注入式写法，而是引导提出问题、分析问题，通过各种途径寻求答案，在解决问题的思路和科学方法上加强点拨和支持。教材中有许多培养探究性学习能力的好素材，例如“细胞膜结构特性”、“生物进化的实质是什么”、“噬菌体侵染细菌的实验”，等等。

（3）追踪生物科学的历史轨迹，使我们犹如置身其中，使学习得心应手。

教材中较多地介绍了生物科学史的内容，特别是生物科学史的经典案例。例如，通过分析孟德尔豌豆杂交实验，体会假说—演绎法的研究思路和数学方法的应用；通过分析萨顿的假说，体会类比推理的方法；通过分析肺炎双球菌的转化实验和噬菌体的侵染实验，再次体会科学研究方法的重要性。细心推敲经典案例，使我们的学习如身临其境。

（4）科学技术和社会的关系贯穿于教材各个章节的各个方面。

我们应在科学技术与社会的理解中学会生活、学会选择，形成良好的科学素养。科学素养是现代人基本素质中不可或缺的重要组成部分。科学的知识、方法和精神从不同侧面构成人的科学素养。因此在高中生物学习过程中要重视培养我们的科学素养，这是《普通高中生物课程标准（实验）》的要求之一，也是由生物学科知识体系的特点及教育功能所决定的。通过生物学的学习，使我们了解生物科学发展的历程与成就，以及对社会发展的影响，而且可使我们正确认识科学技术的价值，理解科学、技术、社会的相互关系，使我们具有科学的精神和科学的态度。

二、初高中生物差异与衔接

（一）初高中生物课程标准的差异与衔接

1. 课程理念

初、高中的生物课程都遵从了“提高生物科学素养”、“面向全体学生”、“倡导探究性学习”的相同理念，使初、高中课程在指导思想上保持一致性。在共同理念的基础上，高中生物课程增加了“注重与现实生活的联系”的理念，以体现高中生物课程的特点和更高要求。

2. 课程目标

在共同课程理念的指导下，初、高中课程目标在表述方式、目标的指向等方面具有很强的一致性，并呈现出递进的关系。

3. 内容主题上的互补和递进

中学生物学课程通常包括十大主题，我国初中生物课程全部包括了这些主题，其中，生物多样性、生殖和发育等主题侧重在初中阶段完成，而像细胞、物质与能量、遗传与进化、生物与环境等较为抽象且对学生认知能力要求高的主题，则安排在初、高中两个学段完成。这样，生物学的核心主题在两个学段的分布既各有侧重，又在整体上实现互补；既能实现初中阶段的内容相对完整，又能使高中阶段的内容相对集中，以保证核心内容的教学能较为深入。

在相同主题的处理上，采用了初、高中递进安排的方式，如细胞这一主题，初中侧重干细胞的显微结构，而高中则侧重于细胞的亚显微结构和功能、细胞的各种生命活动，是讲“活”细胞，加强了物质和能量代谢的内容。又如生态学这一主题，初中主要是介绍个体生态的内容，而高中则是在种群、群落、生态系统方面有更加深入的要求。

（二）初高中生物教材的差异与衔接

1. 初高中生物教学目标及目的的差别

初中生物是初中自然科学的组成之一，主要要求学生掌握简单的生物学知识（如简单的动植物分类、常见的几种动植物及其结构特点等），基本的生物实验操作技能和动手能力，生物学知识在人类生活、生产等方面的一些简单的应用；其知识层次则以要求学生“知其然”为主。而高中生物是在九年义务教育的基础上实施的较高层次的基础教育，生物知识逐渐向系统化、理论化靠近，对所学习的生物学知识有相当一部分不但要求学生要“知其然”，而且要求学生“知其所以然”，还要学会一些简单的计算。学生不仅要学会利用所学知识解决具体问题，而且还要能在实际应用中有所创新。

2. 初高中教材中生物知识的继承和衔接

初中生物突出人体和人类活动的内容，突出生物圈，突出人与生物圈的关系，包括生物和生物圈、生物和细胞、生物圈中的绿色植物、生物圈中的人、生物圈中的其他生物、生命在生物圈中的延续和发展、增进健康防治疾病、生物科学技术与社会 8 个单元。高中生物课程分为必修和选修两个部分。必修模块选择的是生物科学的核心内容，同时也是现代生物科学发展最迅速、成果应用最广泛、与社会和个人生活关系最密切的领域。选修模块是为了满足学生多样化发展的需要而设计的，有助于拓展学生的生物科技视野、增进学生对生物科技与社会关系的理解、提高学生的实践和探究能力。

（1）高中生物教材在编写时考虑到与现行初中生物教学内容的衔接，删去了人体内食物的消化、营养物质的吸收、气体的交换、卵式生殖等内容。关于生物的进化，新教材删去了初中已经学过的达尔文自然选择学说等内容，主要讲述以自然选择学说为中心的现代生物进化理论。

（2）高中生物教材在编写时还充分考虑到对初中某些知识的加深和完善。在体液调节部分，教材先通过列表的方式归纳初中已经学过的人体内一些主要激素的名称、产生的内分泌腺和主要的生理作用，再讲述初中未学过的激素及其他内容；神经调节部分也作了类似的处理。在初中生物教材中设有《生物的遗传和变异》专章，简要讲述了一些最基本的有关生物的遗传和变异的知识；新编高中生物必修教材将该知识加以继承，深入学习遗传学的原理和两大遗传基本规律。此外，细胞的结构和功能、生物的新陈代谢、光合作用和呼吸作用、生物与环境等方面也均在初中学习的基础上加以完善和加深。

（3）高中生物教材中还会出现一些在初中教材出现过、高中教材没有出现但作要求的内容。如在辨别原核和真核生物时，尤其是辨别细菌和真菌，就要联系到初中教材中学过的内容，包括细菌和真菌的结构特点、两者之间的区别及各自的代表。

三、高中生物学习方法指导

初中毕业会考要求较低，我们一般要等到会考前才在学校的组织、要求下，集中优势时间攻克会考大关，而且一般都能在会考中取得不错的成绩。这样往往就形成一种错觉，生物只要考前背一背就行。而高中阶段，面向高考，对于学习的要求提高了，而我们仍然以初中读、背的方式学习生物，显然是行不通的。这种较为机械、死板的学习方法不适应高中注重能力及创新的要求。进入高中时，学习方法还停留在初中的学习模式，缺乏兴趣或学习方法欠佳，往往出现不会、不想学习的现象。所以，这就要求我们从“记忆型”的被动接受知识向“探究、理解型”的主动学习知识转变，培养良好的听讲、记笔记、完成作业、思考、探究等方面的习惯，使之适应高中生物的学习。

学习生物要有兴趣。兴趣是学习的动力，是学习最好的老师，有了兴趣，才会积极而愉快地投入，不会觉得学习是一种负担。歌德说：哪里没有兴趣，哪里就没有记忆。而生物学习是需要记忆的。兴趣从哪里来？兴趣就从生物学科本身而来。所谓生物就是有生命的物体。我们人类就是一个活生生的生物体，你知道多少呢？DNA亲子鉴定、DNA 指纹鉴定、DNA 基因身份证，DNA 到底是怎么回事？现代科技可以使树发光，使植物体内含有动物蛋白，人吃了这样的植物既能保证人的营养全面，又不会使人发胖。这到底是怎么回事呢？等等。面对如此神奇、有趣的生物学科，怎样才能学好呢？

1. 掌握规律

规律是事物本身固有的本质的必然联系。生物有自身的规律，如结构与功能相适应、局部与整体相统一、生物与环境相协调，以及简单→复杂、低等→高等、水生→陆生的进化等。掌握这些规律，将有助于生物知识的理解与运用。如线粒体的学习就应紧抓结构与功能相适应的规律：有双层膜，内膜向内折叠形成嵴，扩大了膜面积，有利于有氧呼吸酶在其上有规律地排布，因而线粒体是有氧呼吸的主要场所。这样较易理解并记住其结构与功能。

2. 观察比较

观察是一种有目的、有计划的感知，不仅可以获得新知，也能验证已知。生物学是实验科学，通过生物实验，能够发展多种能力。其中，观察能力的培养是一个重要的学习目标。观察是获得生物知识的重要环节。如观察生物的形态结构、生活习性、生长发育等。而生物学的原理、规律都是在观察实验的基础上得来的。生物学是一门实验科学，认真完成教材中安排的一些实验，仔细观察、分析其中的现象有助于我们加深对知识的理解。

比较是认识事物的重要方法，有比较才有鉴别，生物中能比较的东西很多，如动物细胞与植物细胞、光合作用与呼吸作用、冬眠与夏眠，等等。比较时注意对比较对象全面了解，然后确定比较项目，并做到简明扼要。如光合作用与呼吸作用这两类生理过程，可从场所、条件、过程、结果、意义等进行全面了解，通过比较有利于理解光合作用、呼吸作用的实质。中学生物概念多，易混难记，比较是有效的方法之一。

3. 综合归纳

教师授课尤其是新授课，一般是分块进行，但各块各知识点之间有内在的本质的联系，各年级生物知识是连贯的，是一个整体。学习时要将分散的知识聚集起来，归纳整理成为系统的知识，这样易理解好记忆。

综合归纳要做到“三抓”。一抓顺序、二抓联系、三抓特点。抓顺序就是要将各知识点按照本身的逻辑关系将其串联，如高中遗传的物质基础知识可按中心法则这一主线串联。抓联系，如神经细胞与脑、脊髓联系点在于神经细胞包括细胞体、突起两部分，细胞体组成脑、脊髓灰质等。抓特点，就是要抓重点、抓主流。综合归纳不是眉毛胡子一把抓，不是大杂烩，应该突出重点，突出关键。

4. 灵活运用

这是将生物学好学活的关键。学习的目的在于应用，只有灵活运用知识才能记得牢，学了才真正有用。运用知识解释现象或解决生产、生活中的实际问题，尤其是后者正是中学生的薄弱环节，因此必须高度重视。如高中学了有丝分裂、减数分裂，弄清了这两种细胞分裂过程中染色体形态、数目、行为的变化，就可以运用这些知识来判别有丝分裂与减数分裂图。此外，学习了生态学等知识，还可以在家里尝试建设生态小区，发展庭院经济等。只要有心，生物无处不在，无处不用，定能学好、学活。

5. 掌握好的记忆方法

记忆是学习的基础，是知识的仓库，是思维的伴侣，是创造的前提，所以学习中依据不同知识的特点，配以适宜的记忆方法，可以有效地提高学习效率和质量。记忆方法很多，下面仅举生物学学习中最常见的几种。

（1）简化记忆法，即通过分析教材，找出要点，将知识简化成有规律的几个字来帮助记忆。如 DNA 的分子结构可简化为“五四三二一”，即五种基本元素，四种基本单位，每种单位有三种基本物质，很多单位形成两条脱氧核苷酸链，成为一种规则的双螺旋结构。

（2）联想记忆法，即根据教材内容，巧妙地利用联想帮助记忆。如记微量元素：铁锰硼锌钼铜这六种元素，可以用谐音记忆“铁猛碰新木桶”，这样就记住了，而且不容易遗忘。

（3）对比记忆法，在生物学学习中，有很多相近的名词易混淆、难记忆。对于这样的内容，可以运用对比法记忆。对比法即将有关的名词单独列出，然后从范围、内涵、外延乃至文字表述等方面进行比较，存同求异，找出不同点。这样反差明显，容易记忆。如同化作用与异化作用、有氧呼吸与无氧呼吸、激素调节与神经调节、物质循环与能量流动等。

（4）衍射记忆法，即以某一重要的知识点为核心，通过思维的发散过程，和与之有关的其他知识尽可能多地建立起联系。这种方法多用于章节知识的总结或复习，也可用于将分散在各章节中的相关知识联系在一起。例如，以细胞为核心，要衍射出细胞的概念、细胞的发展、细胞的学说、细胞的种类、细胞的成分、细胞的结构、细胞的功能、细胞的分裂等知识。

6. 学习生物科学的研究方法

在高中生物教材中，有许多学习内容是从对前人所做的实验介绍中引出的，在大量的科学知识中包含着科学研究的过程和方法。同学们应该重视对研究过程的学习，从中领会科学研究的一般方法，体验科学家们不满足于接受现成的结论，善于发现问题、研究问题的探索精神。将其收获应用于自己的学习过程，能提高学习效率，尤其有助于自己创新意识的培养。

7. 重视相关学科知识的学习

生物科学的巨大发展，常常借助于其他科学领域如物理、化学、技术、数学模型、电子计算机技术等的发展。在学习高中生物时，也不可避免地牵涉物理、化学、地理、数学等学科的知识。例如，放射性自显影技术在研究光合作用中的应用；化能合成作用与硝化反应；某地年降雨量与生态类型特点的关系；数学概率计算与遗传概率问题，等等。同学们应认真学习高中各门课程，建立全面发展的知识结构，提高综合运用知识的能力。

8. 要理论联系实际

生物科学也是一门实践性很强的科学，和我们的生产生活息息相关。我们在日常生活中要多做有心人，如在酿酒厂的发酵罐内通入氧气和不通入氧气两个阶段交替进行，想一想这是为什么。家里的盆栽植物有叶片发黄或枯焦的现象，这与植物矿质营养有关吗？等等。我们通过平时的日积月累不断地在新情境中运用所学知识，有助于对生物知识的理解和掌握，也能发展思维能力和解决问题的能力。理论联系实际的另一个方面是要随时关注生物科学的新发展，了解生物科学的前沿问题，从而增进对科学、技术和社会的相互关系的理解，了解所学知识的社会价值，激发自己学习生物学知识的兴趣和能力。

附件：

高中生物各模块简介

必　　修

必修1　分子与细胞

本模块的内容包括细胞的分子组成，细胞的结构，细胞的代谢，细胞的增殖，细胞的分化、衰老和凋亡五部分。本模块在高一第一学期学习。

本模块的学习，使我们将在微观层面上更深入地理解生命的本质。了解生命的物质性和生物界的统一性，细胞生命活动中物质、能量和信息变化的统一，细胞结构与功能的统一，生物体部分和整体的统一等内容，有助于辩证唯物主义自然观的形成。学习细胞的发现、细胞学说的建立和发展等内容，有助于我们对科学过程和本质的理解。

必修2　遗传与进化

本模块的内容包括遗传的细胞基础、遗传的分子基础、遗传的基本规律、生物的变异、人类遗传病、生物的进化六部分。本模块在高二第一学期学习。

本模块的学习，能够使我们理解生命的延续和发展，认识生物界及生物的多样性，形成生物进化的观点，树立正确的自然观。

理解有关原理在促进经济与社会发展、增进人类健康等方面的重要意义。

必修3　稳态与环境

本模块的内容包括植物激素的调节、动物生命活动的调节、人体的内环境与稳态、种群和群落、生态系统及其稳定性、生态环境的保护六部分。本模块在高一第二学期学习。

本模块的学习，有助于我们理解生命活动的本质，了解系统分析的思想和方法，提高对生命系统与环境关系的认识。有助于我们树立人与自然和谐发展的观念，形成生态意识和环境保护意识。

选　修

选修1　生物技术实践

本模块是实验内容，模块中所说的生物技术，是指广义的生物技术，而不限于现代生物技术。本模块内容包括微生物的利用、酶的应用、生物技术在食品加工中的应用和生物技术在其他方面的应用四部分。根据我省普通高中实际教学状况，建议将来倾向学习理工类专业或学习生物科学类专业的学生学习本模块。在学习本模块时，建议从中选做5~7个实验。本模块在高二第二学期学习。

本模块的学习，使我们能够在教师的指导下自己设计并进行实验。学习实验原理时要注意密切联系必修模块和其他选修模块的有关知识。

选修2　生物科学与社会

本模块的内容包括生物科学与农业、生物科学与工业、生物科学与健康、生物科学与环境保护四部分，适于继续学习人文和社会科学类专业及直接就业的学生学习。本模块在高二第二学期学习。

本模块的学习，使我们能够较全面地认识生物科学技术和社会的关系，关注我国生物科学技术在社会中应用的现状和发展，提高社会责任感；使我们理解现代生物科学技术及有关概念；培养我们提高收集和处理信息的能力、尝试作出决策的能力；形成正确的科学技术价值观，为我们的学习方向和职业选择提供一定的帮助。

本模块的各部分之间没有严格的顺序，相互间不存在互为基础或前提的关系，是相对独立的。本模块中的知识性目标全部为了解水平，情感性目标全部为感受与认同水平。因此，在学习中要注意广度而不是深度，要密切联系生活生产实际，参加一些调查、讨论活动，使我们形成科学价值观、社会参与意识和社会责任感。

选修3　现代生物科技专题

本模块的内容包括基因工程、克隆技术、胚胎工程、生物技术的安全和伦理问题、生态工程五部分，是以专题形式介绍现代生物科学和技术中一些重要领域的研究热点、发展趋势与应用前景。本模块在高二第二学期学习。

本模块的学习，可以让我们开阔视野，增强科技意识，激发探索生命奥秘和热爱生物科学的情感，为进一步学习现代生物学奠定基础。

根据“内容标准”，本模块的知识性目标以了解水平为主，情感性目标以经历（感受）水平为主，技能性目标体现在活动建议中，主要是参观、调查、资料收集等。由于课程内容多属于生物科学前沿领域，进展迅速，所以，我们以搜集资料和讨论为主。

第七节　思想政治学习方法指导

一、高中思想政治的学科特点

1. 德育性

高中思想政治不仅是智育课，更是一门德育课。通过对学生进行马克思列宁主义、毛泽东思想、邓小平理论和“三个代表”重要思想的基本观点教育，以社会主义物质文明、政治文明、精神文明建设常识为基本内容，引导学生紧密结合与自己息息相关的经济、政治、文化生活，经历探究学习和社会实践的过程，领悟辩证唯物主义和历史唯物主义的基本观点和方法，切实提高参与现代社会生活的能力，逐步树立建设中国特色社会主义的共同理想，初步形成正确的世界观、人生观、价值观，为终身发展奠定思想政治素质基础。

2. 生活性

高中思想政治以生活为基础，立足于学生现实的生活经验，着眼于学生的发展需求，把理论观点的阐述寓于社会生活的主题之中，构建起了学科知识与生活现象有机结合的课程模块。

3. 实践性

高中思想政治作为一门实践性很强的学科，遵循高中生活规律，以高中生的现实生活为基础和源泉，为教师和学生提供了课前、课后、课内、课外大量的实践活动，同时注重学生的感性知识积累，让学生在实践的基础上自己感悟每一种生活体验。

4. 开放性

高中思想政治无论是教学内容还是教学形式、教学时间、教学地点、教学评价、教学资源等都是开放性的，努力引导学生感受生活、亲自体验、主动探究，在学习活动中发展、在发展中学习。

5. 时代性

高中思想政治以马克思主义基本观点为指导，紧密联系中国社会主义现代化建设的实际，与时俱进地充实和调整学习内容，采用新思想、新观点、新论断，体现当今世界和中国发展的时代特征，显示马克思主义科学理论的强大力量。

6. 人文性

高中思想政治坚持以学生为本，从学生成长的需要出发，突出学生的主体地位，注重学生的创新精神、实践能力和科学人文素养，培养学生的坚强意志和团结合作的精神，促进学生人格的健康发展。

二、初中思想品德和高中思想政治的学科差异与衔接

（一）初中思想品德和高中思想政治的学科差异

1. 学习的基本内容不同

初中思想品德从初中学生的认知水平和生活实际出发，以成长中的我，我与他人，我与集体、国家和社会等关系，整合道德、心理健康、法律和国情教育等作为学习的基本内容。高中思想政治主要进行马克思列宁主义、毛泽东思想、邓小平理论和“三个代表”重要思想的基本观点教育，以社会主义物质文明、政治文明、精神文明建设常识为学习的基本内容。

2. 学习内容的深度不同

初中思想品德注重与小学品德与生活、品德与社会的衔接，教材中知识点减少（尤其是七、八年级），知识的系统性降低，对思维能力要求不高，内容大都贴近学生日常生活实际，语言通俗易懂。高中思想政治注重与大学接轨，在知识体系、思维层次上都发生了突变，起点高，容量大，思维能力要求高，叙述严谨。

3. 学习的目标要求不同

（1）要求学生把握知识的程度不同。初中思想品德对学生把握知识的程度仅限于“了解”层次即可，而高中思想政治对学生把握知识的程度除了“了解”以外，还有“知道”、“理解”，并有一定程度上的运用要求，比如对“正确选择人生道路”的相关知识的要求。

（2）要求学生把握知识的范围不同。初中思想品德要求学生实现的知识目标范围仅限于自我了解、社会了解、法律了解、国情了解四个领域中较为简单的层面；而高中思想政治除了要求学生达到初中阶段的知识目标以外，还增添了政治、经济、哲学、文化等领域的知识，并在对自身、社会、法律、国情等情况的了解基础上，把学到的知识与选择正确的人生道路联系起来，把自身的道德、法律要求上升到国家这一高度。这也是与学生在不同的年龄阶段具有不同的认知水平、思维能力、行为能力相适应的目标要求。

（3）对学生生活领域的关注倾向不同。初中思想品德是与学生的身心发展、社会交往、公民道德、法律规范等生活领域所要达到的素质密切相关的；而高中思想政治则更加关注学生的政治生活、经济生活、文化生活、在生活中体会哲学等领域的素质教育。这是因为初中阶段是学生身心发生最大变化的青春期，对于认识成长中的“我”，引导其心理健康发展非常重要。另外，初中生开始步入社会，对于认识我与他人的社会关系、我与社会和国家的关系，引导其伦理道德的正确发展，认识法律和国情，确立正确的公民观念也非常重要。所以，初中思想品德主要是为了实现与初中生生活联系最紧密的关于基本行为准则的遵守、关于做一个好公民而确立的。而高中生的认识水平已发展到较高水平，涉足的社会领域、思考问题的深度已不同于初中生。现实生活要求高中生要有所作为，就必须在立足于自身行为规范的同时，还要关注社会的政治、文化、经济生活，学会以科学的哲学思维把握世界、指引人生。学生要学会把自身的发展和人生选择与为国家作贡献、做有价值的人联系起来。所以，高中思想政治必然比初中思想品德的目标要求更高，不再局限于对学生“安身立命”这一公民规范层次的关注，而逐渐向“平天下”做一个有价值的人这一更高的相关领域的关注。

（4）对学生价值观的引导不同。初中思想品德注重对学生道德的教育，为学生做一个社会主义四有公民打好基础；而高中思想政治则更注重对学生政治性的教育，为学生的终身发展奠定思想政治基础。

（二）自觉主动做好学习上的衔接

1. 做好知识上的衔接

初中思想品德课和高中思想政治课教材内容有许多衔接点，对这些衔接点知识的学习，学生应充分利用已有的知识储备，注意由已知推出新知，从而实现新旧知识的联系和知识层次的提高。如在九年级人教版教材中虽然有关于生产力决定生产关系、生产关系适应生产力规律的内容，但是对其阐述不多，对学生的要求仅仅为知道；高中必修 1 经济生活的第四课《生产与经济制度》，必修 4 生活与哲学的第十一课《社会发展规律》都涉及这一知识点。因此，学生应认真回顾初中时学过的生产力和生产关系的内涵及二者关系的知识，以便更有效地加深对新学知识的理解和掌握。

2. 做好能力上的衔接

初中思想品德和高中思想政治都要求培养学生运用正确的立场、观点和方法去面对实际问题，培养作出正确的价值判断和行为选择的能力，培养学生掌握和不断提高搜集、处理、运用社会信息的能力，培养学生增强依法办事、依法律己和依法维护自身权益的能力等。但是高中思想政治在学科能力上有更高的要求，它在体现出应有的正确的情感、态度、价值观的同时，更注重提升对所学相关课程基础知识、基本技能的掌握程度和综合运用所学知识分析、解决问题的能力。学生必须按照新的能力要求来指导自己的学习，大胆思考，大胆探究，提升学科的思维能力，构建学科知识网络，从而为综合运用创造条件。

3. 做好学法上的衔接

初中学习偏重于形象思维，注重榜样、体验感受、实践活动。而高中学习则注重形象思维与理性思维的统一，强调培养学生的抽象思维能力和逻辑推理能力，培养学生独立分析问题和解决问题的能力。因此，在高一学习的初期，要特别注意学习方式的转变，不能简单地用初中的学习方法来对待高中学习，要学会预习、听课、做笔记；学会分析、归纳、推理、判断；学会探究和质疑；学会独立思考、自主学习。

4. 做好心理上的衔接

（1）做好应对知识难度上的心理准备。刚进高一的新生，思想政治学习的第一课是《神奇的货币》，由于这一课有的部分特别抽象，比较难理解，于是学生们普遍认为高中的思想政治很难学。当然难度确实存在，高中思想政治比初中思想品德更系统、抽象，接受起来也更难。初中的思想品德往往是比较容易学的，但刚升入高中后遇到的困难往往会让我们开始怀疑自己，畏难情绪油然而生。

因此，我们应调整好心态，树立信心，避免因一时的不适应而失去学习的积极性。

（2）做好应对新的教学方法的心理准备。初中思想品德和高中思想政治在教学内容和教学要求上的差异性，客观上决定了高中思想政治与初中思想品德在教学方法上也应该具有一定的差异性。高中思想政治的课堂教学往往是大容量、快节奏，重重点、重思维、重能力；而初中思想品德的教学由于内容少而浅，课时较宽裕，因此，课堂教学相对而言往往节奏慢，面面俱到，反复较多。学生在初中普遍适应了这种教学方法，一进入高中自然一时是很难适应的。因此，我们要提前做好心理准备，尽快适应新的教学方法，以避免学习上的滑坡现象。

5. 做好考试由开卷到闭卷的衔接

初中思想品德测试一般采用开、闭卷相结合的方式，又由于近年来升学考试和毕业考试“两试合一”，试题难度降低，不少学生虽然平时花的工夫不多，却能在中考中轻易拿到七八十分，于是学生误认为高中政治也是开卷考试，能轻而易举地过关。再加上部分初中教师备考方式失当，猜题押题，如收集一些自以为很好的题目，让学生写在书本上，考试时看到类似的问题就把答案套上去，缺乏学习方法、解题方法、答题规范等方面的指引。因此，进入高中学习的学生必须克服过度依赖教师的懒惰思想，增强学习的自觉性，以适应由开卷到闭卷考试的转变。

如何做好初中思想品德课和高中思想政治课学习上的衔接，有其共性的东西，但具体到每个同学而言又不尽相同。因此，同学们要根据自己的学习实际，总结出行之有效的衔接途径和办法，以尽快适应高中思想政治课程的学习。

三、掌握高中思想政治学习的基本方法

1. 理论联系实际法

（1）掌握理论，并在落实“双基”上下工夫。知识是能力的载

体，没有扎实的、系统的、条理化的理论知识，就不可能培养并提高分析问题和解决问题的能力。因此，对政治学科的基本知识，一定要认真领会，力求正确理解和掌握。

（2）联系实际加深理解，培养分析问题、解决问题的能力。学习的目的在于运用，学习政治是为了解决实际问题。因此，要运用政治课所学的理论，运用马克思主义的观点、方法去观察、分析和理解实际问题并能得出正确的结论，从而达到知识、能力、觉悟的同步提高。

2. 比较法

所谓比较法，是指根据一定的标准，把彼此有联系的事物或现象加以对照，从而确定事物之间的共同点和不同点的思维方法。比较法是人们分析和认识事物的一种科学工具。在进行比较时，必须遵循可比原则，恰当地选择比较对象，使它们具有可比性，即把它们放在大体相等的条件下进行比较，既要进行横向比较，又要进行纵向比较，比较见异同、比较分优劣、比较出真知。通过比较，能够帮助我们在真与假、善与恶、美与丑、优与劣的相互对照中，深刻理解社会现象的本质，提高辨别是非的能力。

3. 归纳与演绎法

归纳法是指由同一系列的具体事实概括出一般原理的一种思维方法。现行教材是遵循由具体到抽象的原则编写的，它通过呈现事例、典故、电影、图表等具体生动的例子概括出一般原理或观点。运用归纳法一定要处理好书中的材料和基本理论观点的关系。材料是为理论、观点服务的，而从材料中概括出的理论、观点一定要获得理解和掌握，否则就不能正确使用它来分析问题、解决问题。

演绎法是由一般原理推出关于特殊情况下的结论的推理方法。它是学习政治课的一种重要方法。如《政治生活》通过讲“国家是经济上占统治地位的阶级进行阶级统治的工具，阶级性是国家的根本属性”，我们可以推出我国的人民民主专政也具有鲜明的阶级性，它对最广大的人民实行民主，对极少数敌人实行专政。

4. 系统法

系统法是学习思想政治课不可或缺的重要方法。系统法就是把某些零碎的知识综合起来使之形成一个有序的系统，从而加深对知识的理解和记忆的方法。如每学完一课、一节或一章后，作一个“知识系统图表”，通过这个图表，对哪些是重大问题，哪些是从属问题，哪些是重点，哪些是一般知识，以及事物发展的主线索和各个知识点之间的内在联系便能一目了然。

实践证明，把所学知识要点进行归纳、整理和概括，根据其逻辑关系，环环相扣，使之成为一个系统，这样既可以从宏观上把握知识结构，又能够在微观上把握知识点。使用系统法，不仅在学习中可以高效记忆，在应试中可以随时提取知识，而且当自己面临实际问题进行思考时，还可以从纵横交叉的记忆系统中产生联想和推理，从而有效地解决实际问题。

5. 解题的方法

现行高中思想政治考查的题型主要是两大类：一类是选择题，一类是非选择题，也就是主观性试题。解答选择题，要注意如下几点。

（1）审题干。一要全面地理解题意，审清题干，即要全面、仔细、准确地理解题干所提供的各种信息；二要准确地把握“题眼”，即关键词语，如“根本、主要、基本、决定”等，它指明了题干内容的特殊规定性。

（2）审选项。文科综合中的政治试题遵循“题干决定选项，选项反映题干”的原则，应注意审清哪些选项是正确的，即符合题干要求的选项，哪些选项是错误的，即存在知识性错误的选项。审清干扰选项，即本身内容正确，但不符合题干要求的选项。审清选项与选项之间的关系，哪些是一级引申，哪些是多级引申，二级或多级引申是不能入选的。

（3）审题干和选项之间的关系。认真比对题干和选项，排除错误的、异类的、重复的、间接的、无关的以及因果颠倒的选项。

高中阶段的主观性试题有许多种类型，从设问的角度看，有“直问”、“描述、揭示”、“原因（含必要性、重要性、危害性）”、“体现（包括限制类和开放类）”、“意义”、“措施（或建议）”、“启示或警示”、“比较”、“认识”、“辨析”、“探究”等类型题目，各种类型题目各有特点，但有其共同的解题规律。解答好主观性试题，要做好如下几点。

首先，要审清材料、问题，提取有效信息。①审设问。题中的设问给我们提供了解题的方向，指出了要解决的问题。先审设问可以使阅读材料更具有针对性、效率性。要分析设问所要求运用原理或观点的知识范围，把它定位在政治、经济、文化、哲学板块中的某些知识原理上；弄清设问解决的是什么问题，即明确考查的是“是什么”、“为什么”、“怎么办”中的哪一方面。②审读材料全文。审题质量的好坏直接关系到答题水平的高低。要抓住题眼，划分材料层次；概括每段主旨思想；若是图表题，一审标题，它是对整个图表的概括，是材料的中心思想；二审图表数据或图形的变化，注意横向和纵向的变化；三审注解，它是图表信息的必要补充和延伸。从而为全面准确地答题奠定良好的基础。

其次，要明确解答该题应该调动和运用的知识。根据获取的有效信息，明确需要运用教材的哪些知识来分析问题，把材料和理论联结起来。同时，还要明确需要调动哪些时政的知识和生活中的知识。

最后，合理组织答案。组织答案要注意运用政治专业术语，应做到严谨、规范、准确、精练；要点答案要富有逻辑条理性，总的原则是观点＋具体分析（材料）；保持卷面整洁，书写工整，给阅卷老师留下良好印象。

6. 需要注意的问题

（1）正确的学习方法，一方面要靠自己在学习过程中去探索和积累，另一方面可以通过学习和借鉴他人好的学习方法去获得。特别是同学的一些好的行之有效的方法，我们可以适当借鉴。

（2）把好的学习方法与勤奋刻苦结合起来。有了好的学习方法，如果不与勤奋刻苦结合起来也不会取得优异的成绩。马克思曾经说："在科学上没有平坦的大道，只有不畏劳苦沿着陡峭山路攀登的人，才有机会到达光辉的顶点。"古今中外，任何取得巨大成就的人都是勤奋刻苦的典范。他们头上的那些光彩夺目的光环，都是他们辛勤汗水的结晶。

（3）当然，要想学好高中思想政治课，除了掌握上述一般方法之外，最重要的一点还要养成良好的学习习惯。培根说："习惯真是一种顽强而巨大的力量，它可以主宰人的一生，因此，人从幼年起就应该通过教育培养一种良好的习惯。"如果你渴望获得较好的学习成绩，就应该养成良好的学习习惯。

附件：

高中思想政治学习模块简介

高中思想政治必修课程设置四个模块，即经济生活、政治生活、文化生活和生活与哲学。四个必修课程模块的建构，既保持以生活主题为基础的系统联系，又体现内容目标的递进层次。对应着社会主义物质文明、政治文明、精神文明协调发展的要求，社会主义市场经济、社会主义民主政治、社会主义先进文化建设常识成为本课程的重要内容。

经济生活（必修1）在高一上学期开设，是适合全部学生学习的模块。本模块主要包括生活与消费、生产劳动与经营、收入与分配、发展社会主义市场经济等学习内容。生活与消费主要讲述神奇的货币、多变的价格和多彩的消费等内容。生产劳动与经营主要讲述生产与经济制度、企业与劳动者、投资理财的选择等内容。收入与分配主要讲述个人收入与分配、财政与税收等内容。发展社会主义市场经济主要讲述走进社会主义市场经济、科学发展观和小康社会的经济建设、经济全球化与对外开放等内容。

政治生活（必修2）在高一下学期开设，是适合全部学生学习的模块。本模块主要包括公民的政治生活、为人民服务的政府、建设社会主义政治文明和当代国际社会等学习内容。公民的政治生活主要讲述人民当家做主的国家、我国公民的政治参与等内容。为人民服务的政府主要讲述我国的政府是人民的政府、我国政府受人民监督等内容。建设社会主义政治文明主要讲述我国的人民代表大会制度、我国的政党制度、我国的民族区域自治制度及宗教政策等内容。当代国际社会主要讲述走近国际社会、维护世界和平、促进共同繁荣等内容。

文化生活（必修3）在高二上学期开设，是适合全部学生学习的模块。本模块主要包括文化与生活、文化传承与创新、中华文化与民族精神、发展中国特色社会主义文化等学习内容。文化与生活主要讲述文化与社会、文化对人的影响等内容。文化传承与创新主要讲述文化的多样性与文化的传播、文化的继承性与文化的发展、文化创新等内容。中华文化与民族精神主要讲述我们的中华文化、我们的民族精神等内容。发展中国特色社会主义文化主要讲述走进文化生活、推动社会主义文化大发展大繁荣、文化发展的中心环节等内容。

生活与哲学（必修4）在高二下学期开设，是适合全部学生学习的模块。本模块主要包括生活智慧与时代精神、探索世界与追求真理、思想方法与创新意识、认识社会与价值选择等学习内容。生活智慧与时代精神主要讲述美好生活的向导、百舸争流的思想、时代精神的精华等内容。探索世界与追求真理主要讲述探究世界的本质、把握思维的奥妙、求索真理的历程等内容。思想方法与创新意识主要讲述唯物辩证法的联系观、唯物辩证法的发展观、唯物辩证法的实质与核心、创新意识与社会进步等内容。认识社会与价值选择主要讲述寻觅社会的真谛、实现人生的价值等内容。

选修部分是学生自主选择的课程。选修课程设置六个模块，即科学社会主义常识、经济学常识、国家和国际组织常识、科学思维常识、生活中的法律常识、公民道德与伦理常识。选修课程是基于必修课程教学的延伸和扩展，是体现课程选择性的主要环节。

目前，选修课程的考试，山东省只命制国家和国际组织常识（选修3）和公民道德与伦理常识（选修6）两个模块的内容，下面简单介绍一下这两个模块。

国家和国际组织常识在高三上学期开设，是适合文科倾向的学生学习的模块。本模块主要包括各具特色的国家和国际组织；君主立宪制和民主共和制：以英国和法国为例；联邦制、两党制、三权分立：以美国为例；民主集中制：我国人民代表大会制度的组织和活动原则；日益重要的国际组织等学习内容。各具特色的国家和国际组织主要讲述国家的本质、现代国家的管理形式、现代国家的结构形式、国际组织的概观等内容。君主立宪制和民主共和制：以英国和法国为例，主要讲述英国国王与君主立宪制、英国的议会和政府、法国的民主共和制与半总统半议会制、英法两国政体的异同等内容。联邦制、两党制、三权分立：以美国为例，主要讲述美国的联邦制、美国的两党制、美国的三权分立制、美国的利益集团等内容。民主集中制：我国人民代表大会制度的组织和活动原则，主要讲述人民的选择、历史的选择、按照民主集中制建立的新型政体、人民代表大会制度具有强大生命力、坚持和完善人民代表大会制度等内容。日益重要的国际组织主要讲述联合国、中国与联合国、走进世界贸易组织、亚太经济合作组织、欧盟等内容。

公民道德与伦理常识在高三上学期开设，是适合文科倾向的学生学习的模块。本模块主要包括公民道德建设、公民的道德生活、社会主义市场经济的伦理要求、面对科技进步的伦理引导、对环境的伦理关怀等学习内容。公民道德建设主要讲述学会做人道德为先、继往开来综合创新、社会主义荣辱观、公民道德建设的核心原则等内容。公民的道德生活主要讲述和谐社会里的社会公德、工作岗位上的职业道德、幸福生活中的家庭美德、健康成长中的个人品德等内容。社会主义市场经济的伦理要求主要讲述经济生活与道德建设、经济秩序呼唤诚心伦理、经济活动中的竞争伦理、经济发展与社会和谐等内容。面对科技进步的伦理引导主要讲述科技发展是一柄双刃剑、生命科技与生命伦理、网络的伦理困惑、科技事业与人类福祉等内容。对环境的伦理关怀主要讲述现代文明的环境危机、环境伦理的原则和规范、呵护人类共有的家园、走可持续发展之路等内容。

第八节　历史学习方法指导

一、高中历史的学科特点

历史学科的特点是由它的内容和社会功能决定的。历史课的内容是中国历史和世界历史的基础知识，即重要的历史事件、历史人物、历史现象和历史概念，以及历史发展的基本线索和阶段特征。其社会功能是“借鉴历史、资治育人”，“服务现实，创造明天”。具体说来，历史学科有如下特点。

1. 史和论的高度统一性

史学是社会科学的一个组成部分。它包括历史学家记载的他们认为具有重大意义的历史事件和历史现象，以及他们表述的各种史学思想、观点和治史的方法。直至马克思、恩格斯第一次揭示人类社会发展的普遍规律，并运用辩证唯物主义和历史唯物主义的原理，阐明了生产力和生产关系、经济基础和上层建筑的辩证关系，从而揭示了各种社会经济形态循序渐进的一般过程。因此，按照辩证唯物主义和历史唯物主义的原理去观察、研究人类社会发展的过程，所得出的结论是科学的，史和论是高度统一的。

2. 具体性

历史上出现的事件、人物和现象都是具体的、活生生的，没有完全相同的事件、人物和现象，他们都具有一定的特殊性。我们认识事物就是从认识事物的个性或特殊性开始，具体情况具体分析，一切以时间、地点和条件为转移。

3. 阶段特征性

人类社会历史的发展是前后相继、一脉相承的。任何历史人物的活动、历史事件的演变和历史现象的变化都是依时间推移的，都有一个发展变化的过程。在整个历史发展的过程中，会显现出阶段性。认识和研究历史，就要重视这种时序和过程，把握过程发展的基本线索、内在联系和阶段特征，这样才能从总体上认识和掌握历史事物。

4. 借鉴性

历史与现实有着密切的联系，历史是过去的现实，现实是历史的延续，是正在谱写着的历史。从对历史的观察思考中、从历史的经验教训中，可以找到观察认识解决现实问题的钥匙。这就是历史的借鉴作用。

5. 综合性

历史学科的内容是极其丰富的，诸如政治、军事、经济、文学艺术、科学技术等，都包括在内，同时，这些内容又有着纵横交错的内在联系。这与其他学科不同。

历史学科的各个特点之间是有着对立统一的内在联系的，立足现实、探究过去、展望未来。历史学习不仅是接受前人的传统、继承前人的光荣、总结前人的经验与教训，更需要借助历史事实锻炼我们的思考、质疑、反省乃至包容、理解、欣赏能力，从而解决我们可能遇到的这样那样的生存问题、社会问题和环境问题。

二、初高中历史的差异与衔接

初高中历史课程内容都涉及古代、近代、现代的中国与世界。但是，编写的方式不同，初中历史是以通史的形式编写的，而高中历史则是以专题形式编写的。

1. 差异性

（1）从课程目标看：二者都强调三维目标即知识与技能、过程与方法、情感态度与价值观，都强调学习历史的主要意义在于提高人文素养。但二者仍有明显区别。

① 知识方面，初中主要从宏观角度入手，兼顾历史知识的时序性和基础性；高中则更强调历史知识的专题性、综合性。

② 能力方面，也存在不同的要求。下面是对初中、高中课程标准的能力要求的比较。

初中课程标准的能力要求	高中课程标准的能力要求
正确计算历史年代、识别和使用历史图表等基本技能，处理历史信息的能力，陈述历史问题的表达能力，历史想象能力，知识迁移能力和在此基础上形成一定的归纳、分析和判断的能力。	高中除了培养通过各种方法获取历史信息的能力之外，主要是通过对历史事实的分析、综合、比较、归纳、概括等认知活动培养历史思维和解决问题的能力。

从表格可见，尽管初中、高中的历史学习能力要求都包括识记、理解、应用三个层面，但初中主要在于识记、理解，尤其是识记层面；而高中要求则更在于理解和应用层面。初中历史主要是“了解”、“知道”、“简述”、“概述”等相对低层次的能力要求；而高中历史在“了解”、“列举”（识记）的基础上更强调“分析”、“认识”、“探讨”的能力，能力要求明显高于初中。

（2）从课程结构、内容标准看：对照初中、高中历史课程标准，初中历史课程的知识内容，在高中课程中大都进行了相应的链接与拓展。但二者同样存在较大差异。

① 课程体系方面，初中采取了“主题＋时序”的通史体例，主要以主题的形式，基本按照古今中外的时序，要求初步了解人类社会的发展及基本规律，一定程度上兼顾了历史的时序性和粗略线索。但应该说，现有初中历史课程与现有高中新课程在一定程度上是脱节的，它实际上是与高中历史旧课程相匹配的。初中历史课程不追

求学科知识体系的完整性，内容和概念大量删减，使得初中历史课程较为简单，知识体系欠完整，知识结构较散落，通史不通，理论概念较模糊。

由于高中历史教材是初中历史教材的深化、拓展与提高，为了避免与初中历史课程的简单重复，高中历史新课程依据“贯通古今，中外关联”的原则，在初中通史体例的基础上，采用了“模块 + 专题”的体例。例如，历史 1 在课程标准中分 9 个专题进行讲述：①古代中国的政治制度；②列强侵略与中国人民的反抗斗争；③近代中国的民主革命；④现代中国的政治建设与祖国统一；⑤现代中国的对外关系；⑥古代希腊罗马的政治制度；⑦欧美资产阶级代议制的确立与发展；⑧从科学社会主义理论到社会主义制度的建立；⑨当今世界政治格局的多极化趋势。这种体例有利于提高高中学生综合分析问题的能力。但时序颠倒、跳跃性大，缺乏连续性和系统性，对初中历史知识储备要求很高。

② 课程内容方面，初中课程重中国史、轻世界史（初中 3 年，仅初三学年学习世界史，占初中课程内容的 1/3），而高中中外历史权重大致相当，若加上 6 个选修模块分量，世界史的总量则超过中国史。初中历史课程重政治史，经济史相对薄弱；而高中历史课程则是政治史、经济史及思想文化史各占一个模块，三足鼎立。

（3）相对于初中新课程标准，高中要求掌握的知识点范围扩大，出现了大量新知识；能力层次提升，更多地要求概括和归纳史实与材料；教材编写方面理论性、概括性强，历史概念多，学习过程中可通过学案分析、教师深入浅出的讲解认真理解分析。

2. 初高中历史学习方法的衔接

《普通高中历史课程标准（实验）》明确指出，“普通高中历史课程在体系的构建上，既注意与初中课程的衔接，又避免简单的重复”。做好初高中历史学习方法的衔接是高中特别是高一年级学习历史的主要任务。为缩短初中历史与高中历史的距离，扭转脱节现象，在初中历史学习中需注意以下几个方面。

（1）注重历史知识点的串联，形成基本历史知识的“经纬网”。

初中历史的学习知识点掌握得较零散，在记忆方法上多属于机械记忆，同学们往往弄不清各知识点之间的内在联系，因而记忆效果很差。到了高中，历史的学习则主要通过理解加强对史实的记忆，注重历史知识的纵向和横向联系，从而厘清历史发展线索和脉络，使历史知识形成体系。

（2）注重能力的培养。

初高中历史的学习过程都注重加强对能力的培养，但是要求的层次不同。初中历史的学习主要培养从材料中获取有效信息、比较分析、概括归纳等基本的能力。高中历史的学习要注意学习历史唯物主义观点，如生产力决定生产关系、经济基础决定上层建筑、必然与偶然等，同时还要注意运用新的史学观点，如全球性史观、文明史观、现代化史观等去理解和把握新教材。

（3）做好初高中历史学习方法的衔接。

在初中，由于历史属于会考学科，不是很受重视，主要表现在考试前教师圈定重点，同学们背一背就是学习历史。高中历史学习最基本的要求是要掌握较多的知识，要具备较高的思考问题、解决问题的能力，在继承衔接初中时期记忆一定历史知识的基础上，积累学习方法，构建知识体系，提高学习能力。

有的同学可能认为：我们从初中到高中，一直都在学历史，而且，初中、高中的历史教材的内容大体相似，学习方法没什么变化。实际上，高中历史更注重历史的线索和时代特征以及一定的历史理论。因此，要学好高中历史，绝非简单的背一背就能顺利过关。高中历史知识可以分为章节知识、专题知识和理论知识，其中，章节知识是基础。章节知识和专题知识纵横交错，构成知识网络；历史理论支撑起网上的知识点，形成一个多层面的立体交叉体系。比如说，中国近代史有三条线索：外国资本主义侵华史、中国人民抗争史、中国人民探索史。像这样的线索和时代特征，就需要大家在学习的时候及时予以总结。高中历史注重知识的整体性、阶段性、理论性，因此，在学完每一个历史时期或阶段内容时，一定要及时将每一个历史时期或阶段的知识由点到线构建成一个完整的知识体系框架，注重对每一个历史阶段特征的分析和理解，把握历史发展的总体脉络，以高屋建瓴，拓展思路，使知识系统化、条理化。注意分析归纳不同历史时期的时代特征、阶段特征、历史趋势、经验教训，使繁杂的知识条理清晰，并从中总结出历史发展的基本规律。

（4）加强材料的阅读、理解和应用能力的培养和训练。

历史新课程在学习能力方面强调“进一步提高阅读和通过多种途径获取历史信息的能力”。所以，要学会搜集和整理材料，加强材料的阅读、理解和应用训练，这是高中历史新课程的一个显著特点。在学习高中历史过程中要充分利用历史材料，加强分析和解决问题能力的提高。

三、高中历史学习方法的掌握

1. 改进学习方法，形成新的思维方式

高中历史的学习过程中要进一步了解和掌握学习历史的方法，在探究历史问题的过程中要善于独立思考和交流合作，切实提高发现问题、分析问题和解决问题的能力。高中历史新教材更加注意到了学生的个性化发展，从而更好地适应了教师的“教”和学生的“学”。新教材的“动脑筋”、“活动与探究”、“阅读与思考”等栏目提供了不少可能引起争议的问题，以利于进行问题的探究。如，提供两种不同的观点，要求判断它们谁更有道理；同时更有一些活动课可以激发个性化思维和独特见解。这些探究性活动的内容没有标准答案，有利于发挥学生个性，充分体现探究性活动的特点和课程的性质。因此，学习历史的过程中要在教师灵活的、现代化的多种教学方法的启发下学会新的思维方法，培养学习历史的兴趣。

（1）有效地构建完整的通史知识系统。

①阶段确定，形成框架。清晰的阶段概念有利于形成历史框架，使繁杂的历史知识点有所归依，不会错位。以《清明上河图》

为例，分析图中夜市兴盛、“草市”兴起、交子使用、店铺林立等现象，总结出居民区与商业区交叉存在、“瓦子”里人头涌动、24小时几乎时时刻刻都有“市”的情况，从中得出宋元时期商品经济有较大的发展，如坊市界限被打破、市民阶层扩大等阶段特征。这就需要有明确的阶段概念以及对历史有更全面、清晰的思考。

② 史实梳理，厘清线索。历史具有独特的学科特性——所有的结论与论点都必须建立于准确、丰富的史实基础上。现行教材是模块化、专题式的编写方式，这就会使同学们出现史实不清、性质不明，甚至出现朝代错位、概念模糊等情况。因此，在确定历史阶段特征的基础上进行史实梳理，能把分散的史实准确归位，把模糊的概念清晰整理。

例如，明朝的内阁制度与今天资本主义的内阁制度的比较：

现代西方的内阁是议会政治的产物——权力相当大（除偶尔受到议会的制裁外，便不再受到任何权力的限制）——内阁具有领导权，任何人都不可能加以否认。

明代的内阁，基本上是皇帝的“秘书厅”，内阁大学士只是皇帝的秘书，即使权力膨胀的时候，仍旧受到君权的限制，它是皇帝的附庸，君权的奴隶，两者具有本质上的不同。

③ 阅读思考，内化知识。阅读≠简单的浏览，应该做到思考、理解，得出新认识。

例如，学习“百家争鸣”时，面对乱世，孔子提出“仁”与“礼”的学说，主张在人人道德的基础上建立一个礼乐文明的社会。

思考：这是一个什么样的乱世？

在这样的乱世当中，儒家思想提倡“在人人道德的基础上建立一个礼乐文明的社会”能行得通吗——孔子的儒家思想能为当时的统治者所接受吗？

孔子明知不可为而为之的精神能给我们什么启示？

内化：通过对基本史实的学习与整理，形成自己的观点与情感。

例如，史学家认为，公元前645年晋国“作爰田”是一次重大的社会变革，因为它的实质是承认了私田的合法。那么，为什么说承认了私田的合法就是属于一次重大的社会变革呢？它变在什么地方呢？

结论：以各种方式承认土地的私有，标志着以土地私有为核心的新的生产方式产生，这样新的生产关系的出现必然会引发上层建筑的变化——社会变革的动因。

（2）有效拓展，强调知识的迁移，即对历史知识的条理性思考，专题之间、模块之间要经常迁移、经常联系，形成知识体系。

例如，“近代中国的民主革命”与“近代思想解放的潮流”——近代史上的重大民主革命，总是伴随着思想解放潮流而进行的：戊戌变法与维新思潮密不可分；辛亥革命与革命思潮相辅相成。而且，按照历史的一般规律，思想解放潮流应该具有两层内涵：破旧（反对旧体制），立新（提出新思想），正因为辛亥革命只立新不破旧（没有触动封建正统的儒家思想），才会出现新文化运动的补课。

2. 在新的史学观点的指导下形成正确的历史意识和较高的人文素养

（1）掌握学习历史的方法与能力。

学习历史绝不是只学会教师传授的基本历史知识，更应学会进一步运用唯物史观，掌握认识历史知识过程中的方法、能力，“从历史的角度去认识人与人、人与社会、人与自然的关系”，提高用历史意识考察社会和认识社会的能力以及用历史智慧分析问题、解决问题的能力，“提高人文素养”，“逐步形成正确的历史意识”、“形成正确的道德观、人生观和价值观”。

（2）用新的史学观念统领学习内容。

纵观《普通高中历史课程标准（实验）》、历史 3 个必修模块，突出地体现了唯物史观、文明史观、全球史观、现代化史观等史学观点。对这些史观的把握是我们学习历史新课程的基础，因为与这些史学观点相关联的知识均是历史的主干知识点，最能体现“古今贯通、中外相连”的原则。因此，在学习历史过程中，要以新的史学观点与方法开阔视野，客观全面地认识、评价古今中外的历史事物与现象。

基本做法：把握一条主线，培养三种意识。

① 把握一条主线：即人类文明史的演进过程，用文明史观构建古今中外历史主干知识体系。

人类文明史从横向看包括：政治文明、物质文明、精神文明，这是三本必修教材所阐述的内容。这三个领域的文明是相互联系、相互促进、相互制约的关系。

人类文明史纵向发展的三个阶段，即（古代）农业文明时代，古代的中华文明，古希腊罗马文明；（近现）工业文明时代，英法美苏中等中西方文明碰撞交汇；（当代）信息文明来临，全球化加速与多样化的世界。

文明史观是近年来我国史学研究的一大成就，它改变了长期以来以阶级斗争为中心过分强调不同意识形态对立斗争的史学观。持文明史观的学者把人类社会发展的历史看做文明发展演进的历程。《普通高中历史课程标准（实验）》及高中历史教材的内容充分体现了文明史观。如何正确把握和理解文明史观对学习高中历史新课程有着十分重要的意义。因此，学习历史的过程中要以文明史观为主线归纳构建古今中外人类社会文明演进的历史主干知识体系，注意探索人类文明间的共性比探索人类文明间的差异性重要。

② 树立三种意识：通史意识、世界意识、现代意识。

“通史意识”即从人类文明史角度解读历史现象和规律。“世界意识”即全球史观，即把中国历史上的重大事件（特别是近现代）放到世界发展的背景中来考察，立体地、多角度地分析问题；从15世纪“地理大发现”开始的全球化进程延续至今，世界近现代历史的一个显著特征就是世界各大洲之间政治、经济、文化相互交流的不断加强以及世界市场逐步形成的过程，在这一历史进程中，全球化不断加强。全球史观并不太强调历史发展的必然性，认为人类社会的本质是中性的，人类社会的进步或倒退很大程度上取决于活在这个世界上的人干了什么，如果他们干了聪明的事情，这个社会就会进步，如果他们干了愚蠢的事情，这个社会就会倒退。“现代意识”即从当前重大的社会热点问题切入，用历史眼光来看社会现实问题，为现实问题的解决找到历史依据。

例如，用不同史观来理解新中国的成立。

第一，用革命史观（传统史观）理解：推翻了三座大山，结束了半殖民地半封建社会的历史，开辟了中国历史的新纪元，标志着中国新民主主义革命取得胜利。

第二，用文明史观（通史意识）理解：民主政治的转型；为国家走向社会主义民主奠定基础；为中国实现现代化（社会主义工业化）奠定了基础。中国从此走上了独立、民主、统一的道路，开始了向社会主义过渡的新时期。

第三，用整体史观（全球史观即世界意识）理解：冲破了帝国主义东方战线，壮大了世界和平、民主和社会主义力量，鼓舞了世界被压迫民族和被压迫人民争取解放的斗争。

史观的多元化归根结底是为了实现高中历史课程的基本功能——帮助学生在世界文明走势这个大视野下认识中国的现状，从而明确个体的价值和责任。高中历史课程三个必修模块的核心内容主要是：必修 1 政治史学习的核心内容是：民主与法治是人类社会政治文明的两大基石；必修 2 经济史学习的核心内容是：从人类社会经济发展进程中体现物质文明演进的历程，感悟不同经济制度、经济活动的共存与竞争，建立起以追求公平和效率为目的的价值观念；必修 3 文化史学习的核心内容是：人类社会精神文明发展的历程；从科学技术领域发展的历程中，感悟面向现代化、面向世界、面向未来的必要性。

3. 学会做历史练习的方法

历史新课程的练习包括书面作业、调查报告、历史小论文、历史论坛、专题展览等多种形式。在做历史练习的过程中，既可以加深对已学历史知识的理解和感悟，又可以学会对历史知识的实际运用；同时练习的过程也是历史知识系统化和条理化的过程，还可以通过练习及时发现过去历史学习上存在的不足，及时弥补。这里所讲的“练习”主要是书面作业。按照历史问题的解决过程，第一步就是审题，也就是“获取和解读信息”。所谓信息，即题中的文字资料、图表、各种数据、画面、符号等。获取和解读题中信息，首先表现为审题的精准；其次是能把握各种信息的性质，回应信息提供的情境。事实上，对信息的处理将直接影响解决问题的质量和速度。第二步就是将所学知识与习题的形式和内容建立正确的联系，即“调动和运用知识”。调动和运用知识，即通过对信息的接受和反应启动原有的知识储备，再经过分析、判断、推理、归纳等思维过程解决问题。第三步是正确表述事物的现象，准确描述和阐释事物的特征，运用判断、归纳、演绎、比较、概括等方法论证问题。描述事物的能力主要表现在观察的细致、全面，表达的准确、简洁；而阐释事物的能力则在准确表达的同时，又表现为分析、综合、归纳、概括等理性思维的水平。实际上就是指能通过思维过程把握事物的本质特征，并用简洁准确的学科术语予以叙述。历史答题过程中常用到论证和探讨。论证是指引用论据来证明论题的真实性的论述过程。论证问题的能力主要包括以下两个方面的内容：第一，对学科知识总体把握的程度；基础知识、基本理论是论证问题的前提。第二，答案组织的逻辑性和层次性。探讨，即对问题的研究和讨论。探讨问题的过程实际上是立论的过程，即对某问题提出自己的看法。在做历史练习的过程中，探讨实质上表现为一种态度，是对未知知识研究的欲望，或对某些结论勇于提出新的假设，能够从侧面反映出学生追求真理、遇到困难不放弃、勇于挑战的意志品质。

4. 学会记忆历史知识的方法

记忆历史知识是学好历史新课程的基础和前提。对于大多数学生来说，记忆历史知识往往是比较头疼的事，甚至是烦恼的事，因此学会和掌握一些历史知识记忆的方法和技巧是有必要的。

（1）有强烈的信心和兴趣。

都说兴趣是最好的老师，只有对所学知识有信心和兴趣，才能提高记忆的动力。

（2）讲究和遵循记忆的一般规律。

如，边学习边记忆，把学习和记忆结合起来；加强对历史知识的理解，先理解后记忆，在理解的基础上去记忆；有效的重复、复习也是符合记忆规律的，就是及时进行记忆；还可以把学到的新的、比较陌生的历史知识和已经掌握的比较熟悉的历史知识联系起来或者纳入到已有的历史知识网络中去，也是一种有效的历史知识记忆策略。

（3）科学的方法。

具体的记忆方法有很多，如联想记忆法、形象记忆法、逻辑记忆法、比较记忆法、归类记忆法、提纲记忆法、图表记忆法、谐音记忆法、歌诀记忆法、数字记忆法，等等。每个同学在记忆历史知识时也会有自己独特的方法和习惯，只要是适合自己的，就是有效的方法。

附件：

新课程高中历史模块简介

必修1着重反映的是人类社会政治领域发展进程中的重要内容。人类社会生活的重要组成部分是他们的政治活动，而政治活动又总与社会经济、文化活动密切相关，它们之间是相互影响和相互制约的。人类政治活动在很大程度上表现为重要的政治制度、政治事件及其重要历史人物。因此应该了解这些重大的制度、事件和人物，探讨它们在人类历史进程中的作用与影响，从中汲取必要的历史经验教训，做到学以致用，以史为鉴。

必修2反映的是人类社会经济和社会生活领域进程中的重要史实。经济活动和社会生活是人类活动的基础，人类的社会生产或经济活动总是与一个社会中的经济制度、经济活动参与者的积极性以及经济活动的效益有着十分密切的关系，把握这三个基本要素也就把握了某一历史时期社会经济活动的本质。人类的经济活动一方面创造了社会财富，另一方面推动了社会的全面发展，它与政治活动、思想文化有着密切联系。因此我们学习经济和社会生活领域的历史，要关注经济活动的三个基本要素，感受人类经济与社会生活的丰富多彩，同时也要认识到它与人类政治活动和思想文化发展的联系。

必修3 思想文化领域的活动是人类社会生活的核心内容之一，伴随着物质文明和政治文明的进程，人类的精神生产和精神生活也不断演进，从而以其思想文化和科学技术的深邃和精湛，不断充实着文明的宝库。不同地域、不同民族的文化都有不同的历史渊源和发展线索，同时它们又相互碰撞，彼此交融和借鉴，以其丰富和多元共同推动了人类文化的进步。了解中外思想文化发展进程中的重大事件、重要现象和相关人物，要注意探讨思想文化在人类历史发展中的作用，提升自己的人文素养。

选修1《历史上重大改革回眸》介绍的是古今中外不同历史时期的一些有代表性的重大改革。剧烈的自下而上的社会革命往往与深刻的社会制度更迭相伴而生，而自上而下的改革也是要革除社会制度中落后腐朽的部分来实现某种制度的自我完善，使之适应新生产力的发展。因此，人类社会自产生以来，改革就与社会进步相伴而生，并成为历史前进的动力之一和历史发展的鲜明主题之一。改革虽然不像革命那样来得轰轰烈烈，却以其特有的方式推动着社会进步。人类历史上的改革有很多，本学习模块精选了其中9个重大改革，这些改革贯通古今中外，或成功或失败，其中也充满了曲折与反复，然而它们都对历史的前进起到了一定的作用。

选修2《近代社会的民主思想与实践》的主要内容为中外近代史中民主与专制力量激烈斗争的历史。从古代关于民主与专制的思想斗争说起，通过近代中外民主与专制力量在国家政治体制、国家权力基本结构中的地位、国家权力的产生等史实，系统地阐述了近代历史上中外主要国家民主与专制力量的斗争过程。本模块主要以英、法、美、中四国的历史为主，展现了近代社会各国人民在民主思想指导下，反对本国封建专制统治、进行政治民主建设并最终确立了近代民主政体的实践历程。

选修3《20世纪的战争与和平》反映的是20世纪战争与和平运动发展的重要内容。在人类历史上，战争与和平的发展产生了巨大的影响。20世纪先后爆发了两次世界大战，出现了战后的全球性冷战。核武器的发展使战争的破坏力可多次摧毁地球上的文明和毁灭人类本身。

选修4《中外历史人物评说》讲述了22位历史人物，他们对中国或世界历史发展进程产生过重要影响。本册选取的历史人物，从纵向看，有远古社会、封建社会、资本主义社会、社会主义社会等不同社会形态发展过程中出现的人物；从横向上看，在同一社会形态的发展过程中，还有政治、军事、文化、科学技术等各个方面的代表人物。根据历史课程标准的要求，需要了解历史人物及其主要活动，探究他们与时代的相互关系，科学评价其在历史发展进程中所起的作用，并从杰出人物的行为中汲取历史智慧和人生经验，进而确立强烈的历史使命感和社会责任感。

选修5《探索历史的奥秘》着重介绍一些在历史研究中曾经长期困惑不解的历史现象和疑难问题，使我们掌握一些历史学和考古学的基本知识和方法。在人类创造历史的漫长征途中，既形成了考察、认识和理解人类历史的学问——历史学，也遗留下许多未解之谜。历史学家设法让历史“重现”，包括史学家在内的科学工作者，也设法解开历史文化之谜。由于他们的艰苦努力和深入探究，富有建设性的成果得以呈现，人们对历史的认识最大限度地趋向于真理。这是一条探索历史的道路，是感受历史独特的文化魅力之路，是科学工作者艰辛而细致的探究精神的写照。

选修6《世界文化遗产荟萃》着重介绍具有代表性的世界文化遗产的主要内容及其文化价值，从而在文明史的架构里呈现新的历史画面。人类在漫长的演进历程中创造了辉煌璀璨的文化，留下了无数优秀的文化遗产，他们以非凡的智慧和勤劳的双手，创造出辉煌灿烂的文明，这些文明已经与自然融为一体，已经与人类的精神融为一体，它们是人与自然、文化与自然和谐融通的重要表现形式，对促进人类文明的进步、促进社会可持续发展，起着难以估量的作用。

第九节　地理学习方法指导

面对高中地理，你想知道它和初中地理有什么不同吗？就地理学习而言，我们该怎样实现从初中阶段到高中阶段的顺利过渡呢？

莱州市义务教育阶段实施的是“五四学制”，初中四年中，地理课程安排在初一、初二开设，初二下学期期末进行结业考试，初三、初四就不再开设地理课程。升入高中后重新学习地理，同学们肯定有部分地理知识已经遗忘，加之初中地理作为非中考科目，教学往往重视程度不够，有些同学的地理知识可能是一片空白。而初中地理是我们学习高中地理的基础和必不可少的有机组成部分，因此同学们在高中地理的学习过程中，首先应该端正学习态度，重视高中地理的学习，不要把初中阶段不好的地理学习习惯、学习方法、学习态度移植到高中阶段的地理学习中来；其次应利用课余时间，把初中阶段所学的地理知识复习一遍，“温故而知新”，这样就可以为高中地理知识的学习打下坚实的基础。

地理学科的学习，说难也不难，说易也不易，但只要同学们培养兴趣，重视学习，肯定会给学校、教师、家长和自己交上一份满意的答卷。

一、高中地理的学科特点

进入高中以后，同学们往往基于对初中地理学习的惯性认识，对高中地理学科特点缺乏了解，由此对地理学科也产生了一些误解。

误解之一：认为地理学科是一门背记的学科，只需考试前的突击背书就可考得高分。这点已被考试证明是行不通的。

误解之二：认为地理学科是一门文科学科，不少同学用学习语文、历史、政治学科的方法来学习地理，结果表明效果也是不理想的。

因此，弄清楚地理学科的特点，有针对性地进行学习就显得很重要。那么，高中地理有什么特点呢？

1. 综合性

地理学科不只是反映组成客观世界的某个单一要素，也不只是反映客观世界的某种单一过程，而是从整体上反映人类周围的客观世界——地理环境。由于地理学是对地理环境空间系统进行研究，在于揭示各自然地理要素间以及与人类之间的关系，具有整体性亦即综合性特征。地理学的精髓、地理学的优势就在于它是从各个组成要素综合分析上认识地壳及其各个区域的规律。例如，在非洲撒哈拉沙漠勘探石油时，年轻的法国地理学家罗约发挥了地理学家非凡的综合优势。石油勘探工作，按地质学和地球物理学的一般说法，层位连续的透水层、背斜构造是最理想的含油构造。罗约运用地理学特有的综合方法，分析了数十万个岩心，根据沉积物的质地、构造、存在部位以及生物化石等，恢复了古地理的风化、侵蚀和冰川活动的环境，找出透水沙质岩的分布规律，从而较好地解决了找油问题，显示出与地质学家、物探学家相比更高一筹的本领，其提出的勘探方案被称为“最正确的预想”。再如美国地理学家阿波鲁巴姆在为美国超级商场选址时，大胆地否定了经济学家提出的单纯经济模型，他运用综合分析的方法，进行多因素调查分析，包括公司的营业目的、资金来源、物资来源、竞争状态、市场潜力、人口动态、消费习惯以及选址范围的自然条件、地形坡度、土地性质、工程地质条件等，最后做出了正确的建设计划。商场营运后，实践证明他的方案是正确的，受到营业者、经济学家的赞扬。这两个小例子比较生动地说明了地理学综合分析的重要作用。法国地理学家卡鲁妮埃指出：“一个真正的地理学家应当既是一个科学的人，也应当是一个文化的人。”这不能不说是对地理学家的最高要求和最高评价，同时也体现了地理学综合研究的最高形式。

2. 地域性

地球表面最显著的特征，就是它的自然现象和人文现象空间分布的不均一性，即地域性。地域空间性是地理学科的核心内涵之一，也是地理学科区别于其他学科的最本质特性。任何问题最终都必须落实到一定的空间范围上。这要求我们具备空间概念，要具备空间立体思维能力。

如果没有地域间差异刺激和吸引人们去探索自己生活域内和域外的未知世界，那么地理学就不会有今天的发展了。美国地理学家哈特向甚至认为：“地理学是地区差异的研究。”这样说虽然过于简单，但他却指出了一个事实，那就是区域研究在地理学中是极为重要的。我国地理学家林超教授指出：“区域概念是地理学的基本观点，区域地理是地理学的核心。”现代地理学将区域研究已经提高到了一个新的水平，不仅限于认识世界而且直接参与指导改造世界的实践。诸如自然地理学中的自然区划、农业区划、土地规划、流域综合开发治理等，经济地理学中的经济区划、城市规划等，都为生产建设作出了贡献。

因此，学习地理，把握地理学综合性、地域性的特点是至关重要的，如果失去了它，就失去了地理学的优势，最终在地理科学学习和研究上就不会有更大的建树，也是一条浪费精力的歧路。

二、怎样进行学段衔接

基础教育地理课程设计是一个系统工程，初中阶段和高中阶段地理课程是一个整体，两者之间既有分工又有密切的联系。

1. 初高中地理的差异

初中阶段地理课程设计的思路是“以区域地理学习为主，原则上不涉及较深层次的成因问题”，“地理课程内容分为四大部分：地球与地图、世界地理、中国地理、乡土地理”。初中地理主要了解和掌握“在什么地方”、“有什么样的事物”、“有什么特点”等地理基础内容，为高中地理学习打下一定的基础，学习方法以记忆为主。

高中地理课程不再全面学习区域地理，必修课程主要是学习系统地理，而选修课程除了个别模块以外基本上是学习应用地理。与初中地理“原则上不涉及较深层次的成因问题”不同，高中地理课程“注重与实际相结合，要求学生在梳理、分析地理事实的基础上，逐步学会运用基本地理原理探究地理过程、地理成因以及地理规律等”。高中地理课程的设计思路是“以培养国民现代文明素质为宗旨”，“以可持续发展为主导思想，以人地关系为主线，以当前人类面临的人口、资源、环境、发展等问题为重点，以现代科学技术方法为支撑”。学习的侧重点是掌握“有什么规律”、“为什么”、“怎么办”的问题。

我们经过初中地理课程的学习，基本上能够为高中阶段进一步学习相关的地理课程打下一定的基础。但是高中地理新课程，无论是从学习内容上，还是从思维方式、学习方式上，与初中都存在着颇大的“跨度”，甚至出现“断层”。随着学习的深入，初高中教学衔接不上的现象逐渐暴露出来，学习上也常出现滑坡现象。如何搭一个坡度较缓慢的“引桥”，使我们以较整齐的阵容、较规范的步伐上好“引桥”，平缓地引上一个新的高度，成了我们需要考虑的重点。

2. 初高中地理的衔接

(1) 知识上的衔接。

高中地理虽然是以系统地理为主，但很多内容需要以初中地理为基础。尤其是高考，由于初高中的地理知识有不可分割的承接关系，在考试中将会涉及全日制义务教育地理课程中的地球与地图、世界地理和中国地理知识的相关内容，所以，适时复习、补充初中地理知识，做好初高中地理知识上的衔接就显得很重要。基于此，我们在预习高中地理时，要提前了解哪些需要初中知识做基础，哪些知识还需在高中进一步加深和拓宽等，做到心中有数，及时复习。我们在学习高中地理新课程时，不一定非要先将初中知识蜻蜓点水般地重新复习一遍，因为初高中对地理教学要求有一定差距，简单的重复往往突出不了学科重点，体现不出再学的必要性，这样不仅浪费了宝贵的学习时间，而且也不科学，不利于高中地理的进一步学习。正确的做法是，结合高中地理学习的实际情况，适时将初中知识穿插进去，并适当地拓宽延伸。这样既能起到温故知新的作用，又能体现知识的连贯性、系统性，加深学习印象。

高中地理的区域部分，着重介绍地理事实的分布和地理原理、地理规律的紧密联系，它和初中地理内容的学习有很大区别，不再是初中知识的机械重复。高中区域地理多重视系统地理原理在区域的实际运用，这是高中地理学习的一个显著特点，如果初中死记硬背的地理表象不能在头脑中形成空间概念，涉及的某个具体地方在头脑中没有印象，更不能灵活地运用地图中提供的有效信息去分析问题和解答问题，那么就会造成巨大的知识"瓶颈"。因此，我们需要适时将初中涉及的区域事实表象及时温习。如在学习地球运动的基本形式时，可把初中有关经线、纬线的特点，经度和纬度，南北半球和东西半球的划分等提前复习一下，并通过地球仪演示和画出板图来，在头脑中有一个全面而清晰的认识。这样在讲述地方时和区时的时候，就有了一定的基础。

需要注意的是，学习内容的衔接与融合不是初高中知识简单的罗列与堆砌，也不是将初中知识拿来生硬地安插在高中地理学习中。理想的学习，应把中国地理和世界地理知识与高中自然地理、人文地理，以及必修、选修教材的知识有机地结合起来，因为地理事实的空间分布，地理事物的空间联系和结构变化，地理现象的产生、发展、变化，都是在一定的空间进行的，都需要一定的空间位置来呈现。初中所涉及的区域地理是高中自然地理与人文地理知识的出发点和归宿，许多原理内容的引入都要通过区域地理的具体案例来阐明。原理掌握后，也需要通过区域地理的事实来印证。

中国地理分区包括北方地区、南方地区、西北地区、青藏地区、台湾省、香港和澳门六部分内容。这些内容有一个共同的特点：都是从位置范围、人口和民族、地形、气候、河流和湖泊、资源、经济、生态问题等方面进行讲述的。由于初中地理教材是为初中学生编写的，以区域地理学习为主，不涉及较深层次的成因问题；地理要素采取单列与区域结合。区域的选择只规定了数量，不规定必须学习哪些区域（如世界区域，只要求一个大洲、五个地区、五个国家），内容有些浅显粗略，从培养现代社会合格公民的要求，尤其是高考对地理知识考查的要求出发，我们在学习高中地理必修 3 区域地理时，需要根据学习内容，将初中相关区域适时地融入学习中，运用已学到的地理系统原理，从高中地理学习的视角重新审视和分析初中区域地理问题。这样既可加深学习内容的深度，又能形成完整的知识体系、拓宽地理视野、养成正确的地理学习观。如学习“区域水土流失及其治理——以黄土高原为例”可以补充、渗透、拓展初中“中国的自然环境——河流和湖泊”以及“沟壑纵横的特殊地形区——黄土高原”；学习“经济发达地区的可持续发展——以珠江三角洲为例”可以补充、渗透、拓展初中“面向海洋的开放地区——珠江三角洲”；等等。这样，在高中地理必修 3 学完的同时，也将初中地理基本事实复习了，既节省了时间，又能使我们所学的内容有了一定的深度和系统性。

由此可见，在学习地理原理和地理规律时，都离不开区域地理的地理事实。因此在学习时，要充分考虑到初高中地理知识的内在联系，要能够将两方面知识重新剪裁、合理搭配、融合在一起。

（2）学习上的衔接。

初中阶段学习知识往往喜欢死记硬背，理解、分析、推理和归纳的能力比较薄弱。初中地理正是根据这个特点，在编写时侧重于地理现象的描述或直接给出结论让我们去记忆，知识的接受往往是囫囵吞枣，记住就行了。进入高中后，随着年龄的增长，我们的理解能力、分析能力、推理能力和归纳能力都有所增强。高中地理从培养我们的能力出发，在问题的设计上和知识的呈现上与初中地理有了很大的区别，如初中地理在介绍气候知识时，只要求掌握最主要的分布地区即可；而高中地理对这部分内容要求很高，不仅要求我们掌握这些主要气候的特点、成因和分布规律，还要根据文字描述或气候表格或降水柱状图等相关气候资料，分析、判断和推理是什么气候类型，如何形成，怎样分布等一系列问题。根据初高中地理在能力要求上的不同，高中的地理学习方式也需要转变，需要增强我们的独立学习能力、自主探究能力、小组合作交流能力、研究性学习能力，等等。

“兴趣是最好的老师”。我们平日应该多观察奇妙的地理事物或现象，多积累这方面的知识，多问几个为什么，这样，带着某种疑惑和探究心态，可以增强我们的学习兴趣。例如，在学习地球是颗特殊的行星时，可以思考这样的问题：是否真的存在外星人？并以此通过查找资料、网络搜寻，探寻大自然的奥秘。

由于初高中地理知识和能力要求上有很大的不同，改进我们的学习方法很重要。改进学习方法一是要注重理解：尽可能多地阅读教材，增强对知识的理解程度。对教材字里行间的意思尽可能吃透、理解，摒弃死记硬背的学习习惯，并努力纠正。二是要提前预习：课前要根据教材对照教师事先布置的思考讨论题进行预习准备，这种预习可安排在平时自习时间内，也可安排在课堂教学时间内，养成预习的习惯。预习可以帮助我们有针对性的听课，并有助于我们抓住课堂重点等。

地图是地理的第二语言。许多信息和知识是通过地图来传达的，无论是上课或复习，要养成地图和材料交互使用，养成图文转换的学习习惯，尤其是提高自己阅读图表，准确从图表中提取有用信息，分析问题、解决问题的能力。

另外，高中地理刚开始就涉及遥远的宇宙和地球的大气，对于这部分知识的理解主要来源于构建侧视图和俯视图，以及这两种图形之间的转换。我们刚刚进入高中学习，往往会感到这部分内容非常抽象，难以想象。针对这种情况，我们应结合教师授课时采用的直观形象的教学方法以及多媒体辅助手段，仔细观察和思考，尽可能建立空间影像，加深对知识的理解。

此外，我们要通过严格规范的作业，形成良好的读图、画图习惯和严密的思维过程，逐步掌握从图表中提取有效信息的能力，提高解决问题的能力。

要想学好高中地理，正确处理初高中知识的关系是关键。若不能实现初高中地理知识的有效衔接与融合，那么，在高中有限的3年时间里，我们要想将中外地理融会贯通、牢固掌握与灵活运用是不可能的。

三、高中地理学习方法

我们除了要掌握一般性的学习方法外，要特别注意各学科自己的学习方法，因为不同的学科，特点不同，只有针对学科的特点来讨论学习方法，才能收到良好的效果。每个人的知识基础不同，思维品质不同，生活的感性经验不同，几乎不可能找到一种能适合所有人的最佳学习操作模式，所以学习方法的具体操作方式只能是因人而异。因此，我们说学习方法问题只能是通过研究、讨论，不断吸取别人的长处为己所用，不断地在学习实践中有意识地探索适合自己的学习方法，才能最有效地提高自己的学习效率。既然学习地理没有一个公共的最佳方法，那我们为什么还要谈地理学习方法呢？虽然没有一个适用于所有同学的具体的学习方法，但还是有一些被前人的实践证明是科学的、有效的学习方法的基本原则和一些规律性的东西可供我们借鉴和参考，希望同学们能够将这些基本原则和规律性的东西与自己现有的学习方法作一比较，从中汲取适合自己的营养，并在学习实践中相互交流、相互学习。

1. 学会阅读理解地理教材

地理学习的主阵地是课堂，主媒介是对教材的阅读理解。地理教材中的知识点必须理解记忆而不能死记硬背，要达到较深刻的理解，必须在教师的指导下认真阅读，积极思考。上课时间有教师的引导，我们可以少走弯路，特别是进入高中以后，地理中的常识性知识所占比例较初中小了，但知识更深、更系统、更加复杂，理解难度增大；学习地理需要的课外知识也多，所以，一定要抓紧学习的主阵地——课堂，在教师的引导下认真学习、理解教材。

高中地理必修1介绍的主要是自然地理，学习时应该采用偏重理科的学习方法，强调理解重于记忆，以会用为目的，侧重于对地理原理、地理规律的理解运用，联系实际分析问题、解决问题。平时还应多做练习，重视解题思路，特别要多画图，以加深理解和巩固所学知识。具体应做到以下几点。

（1）抓“概念”重“消化”。在学习地理时，要重视概念的学习，要对所有的地理概念一一消化、理解、吸收，不能浅尝辄止。只有概念清楚了，判断、推理问题才能正确无误。要把那些特别容易混淆的概念罗列出来，一一对比其差异，诸如，天体、天球；恒星日、太阳日；时区、区时等。当然，概念学习不是孤立的，要在分析问题和解决问题的过程中进行。

（2）抓“原理”重“理解”。从基础知识抓起，扎扎实实，一步一个脚印地过“地理原理”关。如，气温与气压的关系；海陆热力差异形成的季风与季风气候；生态平衡的条件等。掌握了这些原理、法则和规律，分析事物就有了说服力，才能做到举一反三，寻找同类地理事物的一般特点和规律。

（3）总结和归纳，掌握地理学习的规律。将知识整理归纳形成主干，构建自己的“思维导图”。思维导图是指用联系的方法来表达人们头脑中的概念、思想和理论等，是把隐性的知识显性化、可视化，便于思考、交流与表达。它是由节点、连线组成的知识网络图，其中节点表示概念，连线表示概念之间的联系，用节点和连线组成的网络知识结构表示某一个主题及其层次。

高中地理必修2介绍的主要是人文地理，大部分属于文科内容，适合采用偏重文科的学习方法，在理解的基础上加强记忆非常重要。学习这部分知识时要多看书，熟悉和掌握知识要点；会看书，把握教材的脉络和主要思想、观点；还要多思多想，善于总结，形成自己的看法，结合实际进行评价与反思。

高中地理必修3介绍的主要是区域地理，主要内容是区域研究、可持续发展理念、区域发展主要典型问题探讨等。这部分内容是高中系统地理原理在初中区域地理基础上的综合运用，是地理学习的最终归属，适合采用整体性的观念来归纳、比较、分析研究区域差异。

2. 学会阅读和使用地图

地理学习的灵魂是地图的阅读和使用。地图是学习地理必不可少的工具，“没有地图就没有地理学”，地图是我们获得地理知识的重要工具，地理学习不能够离开地图。

（1）“图文结合易学好记”。学习时要做到看书与看图相结合，将地理知识逐一在图上查找落实、熟记；平时要多看地图（还可以填图、绘图），“图不离手”，把地图印在脑子里，并能在地图上再现知识。这样，当我们解答地理问题时，头脑中就能浮现出一幅形象、清晰的地图，于是，我们就可以从中准确而有效地提取需要的信息，从容作答，即形成“脑图”。在历次高考地理试卷中，都有许多无图考图的试题，因此我们在平时的学习中要十分重视构建“脑图”的训练。

（2）抓“读图”明“空间”。地图具有形象、直观的作用，可以培养观察力、想象力，发展思维能力和记忆能力，可以进一步明了地理事物的空间分布、空间联系、空间组合。从历年高考地理试题中，可以看到有很多试题直接或间接地考查地理事物空间分布知识。在区域地理学习中，更应重视地图的运用。

（3）地图学习要学会分类、读图、变图、用图。学会分类，包括分成日照图、统计图表、地形剖面图、地质图、景观图、原理示意图、漫画图、数据图、结构图、等值线图等进行学习。

学会读图，读图要注意先后顺序：①先读图的主题，即图名；②看清图例、比例尺和方向；③注意细节，知道该图表现的主要内容、范围等，再观察图的具体内容，观察要仔细全面，不要漏掉每一个信息；④联系实际。

学会变图，如图图转换（剖面图转换为平面图），图文转换等。

学会用图，如用图归纳总结地理规律或特点，用图记忆等。用图记忆就是记的时候，应该直接把文字结合图来记，当涉及这个知识点的时候，你的脑子里反映出来的是有文字的图片而不单是文字，你便可以像读图一样回答各种问题了，不管是文字题还是读图题都可以解决。

学习地理要学会掌握使用地图的方法，养成读图、用图和收集地图的好习惯，“左书右图，图文并茂”，从地图中获取知识信息，发现知识、提高技能。地图是工具，也是最好的老师，同学们学会了使用地图的方法和习惯，地理就会学得轻松、学得有趣，才能学好地理。只要掌握了正确的读图方法，培养良好的用图习惯，形成基本的地理技能，你就已经掌握了学习地理的最重要的工具。

3. 注重学习的几个环节

学习地理与学习其他科目一样，要注重学习的几个环节：预习、上课、练习、复习，特别是容易忽略的预习、复习两个环节。根据记忆规律，课前预习和课后复习也是很有必要的，通过预习可以提前知道教材内容概貌和自己不懂之处，便于上课分配注意力，上课有明显的节奏感，必须将主要精力用在刀刃上，把精力最旺盛的时间放在重难点上。学习地理绝不能等全部知识学完后再回头复习，这样你是绝不会理解教材知识的，你会发现学地理很难。可是如果你把地理当天学习的内容当天就理解消化，那就又是另一番景象了。你每理解一点知识就在你脑子里更明确一些，日积月累就会培养你的地理思维，那么学习地理就会易如反掌了。高考虽然是能力立意，但注重基础。地理基础知识包括基本概念、基本事实、基本原理和地理事物的空间分布等，因此，复习中应多看书。实践证明，自觉做到课前预习和课后复习，可以大幅度提高学习效率。

4. 收集信息，理论联系实际

现代社会是个信息社会，生活中处处蕴涵着信息，如电视新闻、报纸杂志、媒体网络、旅游科技、综艺体育等，经常为人们提供大量的知识信息，这些信息中很多是人们普遍关心的鲜活生动的地理知识和敏感具体的地理问题，我们要善于收集和处理，不断补充丰富地理知识。课外同学们也要注意博览群书，养成良好的信息素养，如走进图书馆，访问互联网站，参加社会实践调查等，及时查阅收集、检索处理地理信息。这不仅是地理课堂教学的重要延伸，也是同学们收集资料、获取信息、充实知识、丰富阅历的有效途径。信息就是资源，信息就是知识，要使自己成为生活和学习的主人，就要不断提高自己收集信息和处理信息的能力，勇于实践、创新学习。

地理学科内容十分丰富，实践性强，应用性广，学习时要紧密结合、密切联系周围的事物和现象、当地和国家的经济发展、国内外的时事热点等，让学习更贴近生活实际，更为鲜活有趣。还要尽可能走进大自然、走入社会，亲身感受生活中的地理知识和现象，将书本上、课堂上学到的知识和能力在野外观察和社会活动中得到应用，培养观察分析、活学活用、理论联系实际解决具体问题的能力以及交流合作、实践创新的能力。

5. 在生活中学习地理，学会研究地理问题

要学好地理，不仅要学好书本知识，掌握基础知识和基本技能，还要特别注意联系生产生活实际，在生活中学习地理，学习对生活有用的地理。将我们所学到的书本知识运用到社会生产和实践活动中去，使所用的知识在实践中得到巩固和深化，同时也可以增强学习地理的兴趣。

在同学们的日常生活中，存在着许多的地理问题；同时，当今社会中的许多热点问题，如人口、资源、环境、可持续发展等，都与地理环境密切相关。我们要有一双善于观察的眼睛，有一个勤于思考的大脑，注意观察生活中的地理现象，善于发现身边的地理问题，用所学的地理知识去指导自己的生活实际，解释生活中的地理现象，探究生活中的地理问题。

（1）注意观察地理现象，在生活中学习地理知识。

例如，高一将要学到地球的宇宙环境的有关知识，就有活动中的天象观测。我们知道月亮有时像一个圆盘，而有时又呈现月牙形。我们可以亲自观察一下月相是怎样变化的，变化有什么规律；当然有兴趣的同学还可以进一步探究月相产生变化的原因。在晴朗的夜

晚，我们还可以观察天空中都有哪些星座，平常人们所说的北斗星、牛郎星、织女星、北极星在哪里？哪儿有银河？晚上8点钟我们头顶上的星座与9点、10点的是否相同？

（2）用所学的地理知识去解释生活中的现象。

细心观察也会发现，人们的许多生活习惯与地理环境有着密切的关系。要养成多利用所学知识分析生活中现象和问题的能力。例如，为什么我国存在“南涝北旱”的现象？学过锋面和季风有关知识就可以分析：因为我国属于东亚季风气候，夏季盛行东南季风，锋面自南向北影响我国东部地区，年降水量从东南沿海向西北内陆递减，南方不仅雨季历时长，而且由于夏秋季节降水集中，因而常常出现洪涝灾害。而华北、西北降水较少，再加上垦殖、放牧过度，蓄水抗旱能力差，所以面临严重的“水荒”。

（3）乡土地理调查。

同学们对自己家乡都具有深厚的感情，也熟悉家乡的一切。利用我们所熟悉的环境开展地理活动，开展一些地理方面的社会调查活动，既能帮助我们了解家乡，又活学活用了知识，加深了我们对所学知识的掌握和理解。

例如，家乡附近河流（或湖泊、池塘）的水质，近年来有什么变化？产生这些变化的原因是什么？这些变化对周围环境有什么影响？为保护河流（或湖泊、池塘）的水质、防治污染提出自己的建议，等等。

我们还可以根据自己家庭、家乡的实际情况，开展许多地理调查活动。如家庭用水情况调查、家庭塑料袋使用和废弃情况调查、家乡人口流动情况调查、城镇的演化情况调查，等等。

地理的学习方法是多样的。如学会比较分析、学会图文转换、学会知识迁移等。要想学好地理，必须善于观察、勤于思考、勇于探究，只有平时注意对地理现象的观察，把握地理现象发展的规律，才能不断积累有关的地理知识。以上推荐也仅仅是抛砖引玉，但愿对你有所启发。相信经过努力，同学们一定会喜爱地理并学好高中地理。

附件：

高中地理学习模块简介

高中地理必修课程的3个模块分别以自然地理、人文地理和区域地理为主，3个模块相互联系，反映出现代地理科学的完整系统。

表2－2　高中地理必修模块

课程名称	基本内容	开设时间	学习群体
必修1	以自然地理知识为主，教材重点讲述了地球的宇宙环境、岩石、地貌、大气和水等以及自然地理环境的地域分布规律及其以生物要素为例学习自然地理要素在自然地理环境形成和演变中的作用，进一步分析自然地理要素间的相互作用来理解自然地理环境的整体性，最后通过分析陆地自然带的分布来认识自然地理环境的地域分布及其分布规律。最后又从人地相互作用的角度来看资源与环境。	高一上学期	全体学生
必修2	以人文地理知识为主，教材涉及人口地理、城市地理、经济地理等。必须指出，教材虽然涉及人文地理的主要分支，但并不是人文地理各要素的拼盘，并不构成小而全的人口地理、城市地理、经济地理等分支学课程，而是通过人口、城市、工农业生产等最能体现人地关系的要素来反映人地关系。	高一下学期	全体学生
必修3	以区域地理为主，教材主要在学习必修1自然地理原理和必修2人文地理原理的基础上，进一步探讨不同典型区域、不同经济活动发展过程中的发展特点、出现问题以及持续发展的策略等。	高二上学期	全体学生

选修课程由“宇宙与地球”、“海洋地理”、“旅游地理”、“城乡规划”、“自然灾害与防治”、“环境保护”、“地理信息技术应用”7个模块组成。这些选修模块涉及地理学的理论、应用、技术

各个层面，关注人们生产生活与地理密切相关的领域，突现地理学的学科特点与应用价值，并且有些选修模块的设置是以目前中学地理教学界的教学实践为依据，以高中学生的兴趣爱好为出发点，目的是开阔学生的视野，进一步提高学生的科学精神与人文素养。

表 2－3　高中地理选修模块

<table>
<tr><th>课程名称</th><th>基本内容</th><th>开设时间</th><th>学习群体</th></tr>
<tr><td>选修 1
宇宙与地球</td><td>宇宙、太阳系和地月系、地球的演化、地表形态的变化</td><td rowspan="7">各选修模块在知识衔接和内在逻辑上是平行的，《普通高中地理课程标准（实验）》对于选修课程的学习顺序不作具体规定，选修课可以在必修课之前、之后或者同时开设。同时建议：除了因条件不具备可暂缓开设“地理信息技术应用”模块以外，其他地理选修模块原则上各个学校都应开设</td><td>理工科发展倾向的学生</td></tr>
<tr><td>选修 2
海洋地理</td><td>海洋和海岸带、海洋开发、海洋环境问题与保护、海洋权益</td><td>理工科发展倾向的学生</td></tr>
<tr><td>选修 3
旅游地理</td><td>旅游资源的类型与分布、旅游资源的综合评价、旅游规划与旅游活动设计、旅游与环境保护</td><td>人文社会科学发展倾向的学生</td></tr>
<tr><td>选修 4
城乡规划</td><td>城乡发展与城市化、城乡分布、城乡规划、城乡建设与生活环境</td><td>人文社会科学发展倾向的学生</td></tr>
<tr><td>选修 5
自然灾害与防治</td><td>自然灾害的类型与分布、我国主要自然灾害、自然灾害与环境、防灾与减灾</td><td>理工科发展倾向的学生</td></tr>
<tr><td>选修 6
环境保护</td><td>环境和环境问题、资源问题和资源的利用保护、生态环境问题和生态环境保护、环境污染与防治、环境管理</td><td>人文社会科学发展倾向的学生</td></tr>
<tr><td>选修 7
地理信息技术应用</td><td>地理信息技术的进展、地图与遥感（RS）、全球定位系统（GPS）、地理信息系统（GIS）、3S（RS、GPS、GIS）技术应用</td><td>建议学校可以结合信息技术科目选修课程统筹安排，条件不具备的学校可暂缓开设</td></tr>
</table>

高中毕业后准备直接就业的学生，建议在上述 7 个选修模块中选修 2 个模块。学校应在高中三年级上学期结束之前完成选修课程。

第三章　养成良好的生活学习习惯

第一节　养成良好的生活习惯

现实生活中每个人的习惯都有所不同，好的习惯能为你插上成功的翅膀，让你更轻松地获取更多的知识，最大限度地提升自己的能力，不经意间，能助你一臂之力；而一个坏习惯也会让你从悬崖上重重地摔下。大凡有些成就的人，他们都有一个良好的习惯，这些习惯使得他们有着鲜明的个性、顽强的毅力和良好的品质。健康的身体与良好的生活习惯密不可分，良好的生活习惯不仅有助于身体健康发展，更对学习乃至人生有着重大意义。

一、高中生活的几种不良习惯

（1）性格孤僻，独来独往：一个人戴着耳机到餐厅吃饭，吃完饭自己一人回到宿舍或班级，从不和同学为伴，更谈不上与同学交流。

（2）作息时间没有规律：习惯晚上熬夜学习，习惯早上睡懒觉。有些同学认为加班加点就可以提高学习成绩，结果，晚上熬夜，导致早上起得晚，起床后胡乱吃点东西或干脆不吃饭就去上课。听课过程中头昏脑涨，严重影响一天的学习效率。

（3）过度放纵自己：上网玩游戏聊天，玩手机发短信到很晚，有的同学过分注意仪表和身材，盲目追求名牌服装和盲目减肥。

（4）没有良好的卫生习惯：在学校内乱丢垃圾，胡乱放置东西等。

以上仅仅列出了高中生活中学生的一些不良的生活习惯，这些习惯严重制约着学生学习成绩的提高，严重影响着班级和学校的形象，因此，从进入高中开始，学生就要自觉地养成良好的生活习惯，以饱满的精神投入到学习生活中。在上高中前的准备中，要学会自己铺床叠被，洗刷碗筷，洗衣服等，并把这些良好的行为坚持下来，形成习惯和品质。习惯不是一朝一夕可以形成的，只有持续地开展活动、坚持不懈地努力才能保证良好习惯的养成。

二、养成良好的生活习惯

（1）更新观念，牢固树立“学习、尽责、助人是一种享受”的思想。养成良好的习惯开始时会有些困难，但每当同学们想起这是为主宰我们人生而努力时，就会觉得很有意义。有了好习惯，还怕做不成大事？如果我们用“享受”的观念来理解习惯的养成，那么就会增加许多乐趣。一旦有了好习惯，想停下来都难，坚持好习惯也是一种享受。

（2）养成良好的卫生习惯，形成有规律的生活。保持整洁的个人、教室、宿舍卫生，遵守班级制定的班规。例如，形成有规律的作息时间，勤锻炼身体等；晚上按时休息，不上网玩游戏，不乱用手机发短信，否则会耗费太多的时间和精力，严重影响第二天的精力和学习。

许多同学走进高中之后，存在这样一种心态：别人学到多晚，我就一定要学到多晚。只有这样，才感觉自己没有输给别人。而且通常这种劲头都非常大，特别喜欢搞疲劳战术，喜欢牺牲自己的时间作为代价，想多一点时间去复习功课提高成绩。这种做法和想法从原因上分析是无可厚非的，是一种努力的表现。刚开始的时候，短时间内效率也许非常高，可是坚持不了多久，身体和精神就会跟不上，导致白天没有精神，没休息好，脑子不好使，上课的时候总是昏昏欲睡，感觉非常疲惫，晚上又睡不着，越是到深夜精神就越好。其实，这是不正常的。很多人认为后半夜学习是非常好的、非常有效率的。其实则不然，这种改变人类生物钟的生活习惯负面影响非常大，往往会导致在高中的学习过程中出现这样的问题：失眠、精神紊乱、睡眠不足、睡眠质量不高，并进一步导致学习精力不集中，记忆力衰退，学习效率降低，考试、写作业的时候大脑难以高效率运转。如果这个问题长期存在，就会导致大脑皮层功能紊乱、神经衰弱。神经衰弱是现在越来越多学生遇到的问题，最终会给学生的身心健康造成损害。充分利用时间勤奋学习是没有错的，但如果是在影响听课效率和睡眠时间的情况下盲目“开夜车”，这种做法就非常不利于学习成绩的提高。不要比人的长短，要比学习的效率。也就是说，单位时间内的投入与产出一定要成正比，成反比肯定是不能做的。即投入越多产出越少，这样的付出是事倍功半的。而且人和人之间的体质是有差别的，是不一样的，有些人可能身体比较好，在精神精力方面比较充沛，而有些人本身体质就比较弱，所以要根据自己的实际情况来安排学习、安排生活。因此，考虑到熬夜影响白天的学习效率，就必须要作及时的调整。

（3）树立正确的审美观，不能为了身材苗条而一味减肥。我们也可以从校服校牌入手，审视一下自己的仪表、仪容，审视一下自己的日常行为规范和礼仪常规，审视一下自己内心深处做人的原则，加强人品的自我修养和塑造。自古以来，人才至上，人品至本，欲成大事，要拘小节，在未来就业和未来创业者中，越想成大事者，就越要遵守规则，越要拘小节。一个人的人品修养，良好的生活习惯，本身就是一种价值，就是支持才能的基础，没有这个价值和基础，也就不会实现真正的人生价值。人都有欠缺，每一个人都可以看成是真善美与假恶丑并存的世界，只有不断审视自己、反省自己，真诚而勇敢地面对自身的欠缺，不断地改正、完善自己，才能让自己积蓄起深厚的文明与文化素养，扩大自己心中真善美的那一片净土。

（4）不过分争强好胜，养成一种平和淡定、乐观向上的心态，做到宠辱不惊。美国前总统富兰克林在没有登上总统宝座之前，有一个不好的习惯：凡事太爱争强好胜，动不动就和别人打嘴皮官司，始终跟人难以相处。因为这个习惯，富兰克林失去了很多朋友。觉悟之后，他马上就着手改变自己的习惯。他列了一个清单，把自己个性上他认为的那些不良习惯一一列在上面，并且从最致命的不良习惯开始，一直纠正到不足挂齿的小毛病为止。当他把自己的毛病全部删除完毕时，良好的习惯已遍布全身，如去倾听、去赞扬、站在别人立场上想问题、多付出等，结果，他变成了美国历史上最受尊敬和爱戴的总统之一。这个事例给我们以启迪。有些事都是生活中显而易见的小事，但往往就是在一些不为人注意的细节中流露出一个人对待生活的态度、对待人生的态度和人品的高低。有时成功与失败之间的距离，也许就在这些生活习惯及不经意流露的细节之中。

进入高中后，同学们应在平时的学习和生活中，注意不断地完善自我，及时改正那些本不应该犯的错误，不断地给自己充气、加油，把好的做法坚持下来，让它成为自己的习惯。只要有毅力去坚持，就一定能成功。作为高中生，认识这个问题并不困难，困难的是使得一些良好的行为坚持下来，形成习惯和品质。现在，我们正处于人生中最关键的时期，在这个时期的所言所为，将潜移默化地影响到我们自身的心理素质，而文明的行为不仅能帮助我们提高自身的心理素质，同时也完善了我们自身的道德品质，争做一名合格中学生。所以，我们首先应该做一个堂堂正正的人，一个懂文明、有礼貌的人，然后才是成才。就让我们从现在开始，播下好习惯，收获绚丽人生吧。

第二节　养成良好的学习习惯

习惯是经过反复练习而形成的较为稳定的行为特征，学习习惯是指学生为达到好的学习效果而形成的一种学习上的自动倾向。俗话说：“好习惯使人受益终生。”

学习习惯一般分为三个层次。最低层次是不自觉行为，它需要外部的强制力量；中间层次是较自觉的行为，它不需要外部的监督，但需要自己的意志努力；最高层次是自动行为，它既不需要外部监督，也不需要自己的意志努力，而是一种定型动作习惯。

良好的学习习惯是提高学业成绩的重要保证，也是一个人成才的重要因素。一个没有良好学习习惯的人，往往一辈子平平庸庸。中学阶段是培养良好学习习惯的最重要时期，也是学习习惯走向稳定的最佳时期。

一、高中生必须养成自主学习的习惯

自主学习是与传统的接受学习相对应的一种学习方式。它以学生作为学习的主体，通过学生独立的分析、探索、实践、质疑、创造等方法来实现学习目标。自主学习的习惯通常包含如下几个方面。

（一）课前预习的习惯

做好课前预习是提高学习效率的重要途径。但是真正能在学习中做好课前预习的同学却很少，究其原因在于同学们普遍认为课前预习没有时间，预不预习都可以。因此，课前预习首先要解决同学们的思想认识问题，要端正学习态度，充分认识到做好课前预习的必要性和重要性，充分认识到做好课前预习是提高课堂学习效率的关键因素。其次，预习的关键是要学会看书、学会阅读，提高自学能力。预习时要先看一下预习思考题，带着问题去预习。同时要遵循“不动笔墨不读书，不记忆不读书”两个基本原则，把主要的知识勾画在书本上，先背诵勾画的主要知识，没勾画的就看看或者理解，不能理解的知识做上特殊标记，以备上课时集中解决。

（二）观察思考的习惯

对客观事物的观察，是获取知识最基本的途径，也是认识客观事物的基本环节，因此，观察被称为学习的“门户”和打开智慧的“天窗”。每一位同学都应当学会观察，逐步树立观察意识，学会恰当的观察方法，养成良好的观察习惯，培养敏锐的观察能力。“观察”这两个字有两层意思，“观”是看的意思，“察”是想的意思，看了不想，不是真正的观察，对认识客观事物毫无意义。因此，要做到观察和思考有机结合，通过大脑进行信息加工，总结得出事物的一般规律和特征。

（三）合作学习的习惯

《学记》中说：“独学而无友，则孤陋而寡闻。”同学之间的学习交流和思想交流是十分重要的，遇到问题要互帮互学，展开讨论。每一个人都必须努力吸取别人的优点，弥补自己的不足，像蜜蜂一样，不断吸取群芳精华，经过反复加工，酿造知识精华。养成合作学习的习惯要做好如下几点：一是要认真思考，积极发言；二是要虚心听取别人的意见；三是要积极实践、动手操作。

（四）学会整合，构建知识网络的习惯

每章每节的知识是分散的、孤立的，要想形成知识体系，课后必须有小结。因此，对所学知识进行概括，抓住应掌握的重点和关键，对比理解易混淆的概念。每学习一个专题，都要把分散在各章中的知识点连成线、辅以面、结成网，使学到的知识系统化、规律化、结构化，这样运用起来才能联想畅通，思维活跃。

（五）练后反思的习惯

读书和学习过程中，尤其是复习备考过程中，每个同学都会进行强度较大的练习，但做完题并非大功告成，重要的在于将知识引申、扩展、深化，因此，反思是解题之后的重要环节。一般说来，习题做完之后，要从五个层次反思：（1）怎样做出来的？想解题采用的方法；（2）为什么这样做？想解题依据的原理；（3）为什么想到这种方法？想解题的思路；（4）有无其他方法？哪种方法更好？想多种途径，培养求异思维；（5）能否变通一下而变成另一习题？想一题多变，促使思维发散。当然，如果发生错解，更应进行反思：错解根源是什么？解答同类试题应注意哪些事项？如何克服常犯错误？“吃一堑，长一智”，不可轻易放弃努力，不断完善自己。

（六）及时独立完成作业的习惯

明确做作业是为了及时检查学习的效果，真正懂没懂，记住没记住，会不会应用，要在做作业时通过应用对所学知识进行及时的检验。及时独立完成作业可以加深对知识的理解和记忆。实际上，不少学生正是通过独立完成作业，把容易混淆的概念区别开来，对事物之间的关系了解得更清楚、公式的变换使用更灵活。可以说做作业促进了知识的“消化”，使知识的掌握进入到应用的高级阶段。独立完成作业可以提高思维能力；面对作业中出现的问题，能引起积极的思考，在分析问题和解决问题的过程中，不仅使新学的知识得到了应用，而且得到了“思维的锻炼”，使思维能力在解答作业的过程中迅速得到提高。独立完成作业可以为复习积累资料，作业题一般都是经过精选的，有很强的代表性、典型性。因此，即使是做过的习题也不应扔在一旁，而应当定期进行分类整理，作为复习时的参考资料。

（七）养成记忆的习惯

记忆是学习的一个重要环节，是巩固知识的重要手段。学习若不记忆，知识则得不到积累，就更谈不上运用，能力和水平也就无法提高。记忆的方法主要有以下几种。

（1）在理解的基础上记忆。理解是记忆的关键。

（2）要及时复习。根据遗忘先快后慢的规律，在识记后应尽早加以复习，以巩固所记忆的内容。

（3）在记忆中尝试回忆。记忆与尝试回忆交替进行，可以提高记忆的效率。

（4）对难记忆的知识进行分散记忆。

（5）记忆时可多种感觉器官并用。在记忆时，不仅要用脑记，还可以把看、读、写、听结合起来辅助记忆，这样记忆的效果会更好。

（八）认真审题的习惯

我国数学教育家吴正宪曾说：“在教育教学工作中最重要的是什

么？就是让学生养成认真审题的好习惯！”无论是哪个学科的试题，审好题、审对题都是做好题、做对题的前提。要审好题，一是要审清楚所给试题的题目或材料，明确题目或材料所提供的有效信息；二是要审清楚题目对我们的要求；三是通过审题明确运用哪些知识或方法来完成试题的要求。

（九）规范答题的习惯

良好的答题习惯（即规范答题的习惯）有助于培养学生严谨的学习态度、缜密的思维习惯，使学生受益终生。从积极应考来看，规范答题的习惯也很重要，它有助于提高考分，所以中学生绝不应忽视良好答题习惯的养成。养成规范答题的习惯，一是答题的步骤要规范，要符合不同学科不同类型题目的要求。二是表述要规范，首先要运用规范的学科术语；其次在内容的表述上要做到要点化、序号化、段落化、提示化。三是书写要规范，书写要正确、工整、清楚、美观。四是序号、句逗要规范。

应当培养的自主学习习惯还有许多，诸如有错必改的习惯，查找工具书的习惯，等等。希望同学们在学习过程中自我总结，不断提高。

二、良好的学习习惯，从“上课、读书、练习”三个环节抓起

（一）上课环节

课堂是同学们获取知识的主渠道。然而，听课不认真、注意力不集中、在课堂上“走神”的现象在部分同学中十分严重，有些同学甚至经常游离于课堂之外，头脑思维处于空白状态，对老师讲什么、重点、难点是什么，全然不知。至于只听老师讲不动脑去分析，学习处于被动地位，不去思考，不求其解的同学就大有人在。因此，要注意改正学习方法，培养良好的上课习惯。良好的上课习惯有哪些呢？首先，精神饱满地进课堂，有着一种强烈渴求知识的愿望，这是上好一堂课的保证和动力。其次，要做到“四到”，即眼到、耳到、手到、心到。要养成手脑并用的好习惯，做到边听、边想、边

记，以听为主，这里面既有方法的问题，又有习惯的培养。实际上，一般的学习方法经过程序化以后就形成了习惯，而良好的学习习惯往往是形成学习能力的基础。这样，“上好课”既可培养良好的学习习惯，又能掌握学习方法，学习能力也就逐步提高了。

（二）读书环节

对于教材，高中生普遍存在的问题是“想读而读不好”或“不会读”。其一，认为“教材较难，不会读”；其二，认为“老师已经讲了，没有新意，高考也不考书本，不必再读”；其三，读书障碍很多，不想读。其实，读书这个环节是非常重要的，绝不能忽视。要提高读书的效果，应当把握以下三个环节：“上课前要先读”，即预习，可以“粗读”，这样就能做到心中有“底”、有疑、有问进课堂；做作业之前要再读，即复习，要求“细读”；在训练中遇到疑难问题，找到对应章节要反复读，要求“精读”。另外，读教材还要从中把握好知识点、重点、难点，通过自己的归纳、小结，形成本节课或本章节的知识结构，把零碎的、一点一滴的知识形成一个知识体系。通过以上几个方面的训练，同学们可亲自去体验品尝读书的味道，真正认识到“书本是最好的教师”，从而养成良好的读书习惯。掌握了读书方法，自学能力也就相应地提高了。

（三）练习环节

课堂练习或课后练习的目的都是为了巩固所学知识，检查所学知识的掌握情况，使我们更深刻地理解和完整地掌握课堂所学知识，训练应用知识的技能、技巧，发展思维能力。练习一定要认认真真地完成，因为它既是对知识和能力的训练，又是对学风、意志和品德的考验。因此，练习不仅要保质保量，而且还要独立和按时完成，更要从中有所收获。

抓好以上三个环节（上课、读书、练习）是提高高中生学习效果、学习质量的有效手段，它对高一学生尤为重要。当然，好的学习习惯还有很多，如能自觉地制订学习计划并按计划执行；课内勤于思考，积极举手发言和讨论，并能清晰回答；不懂就问而不是不懂装懂；每天准备好第二天的学习用品，或下节课的准备工作……

良好学习习惯的养成、学习方法的掌握、学习能力的提高过程，是一个长期发展的艰苦过程，也是磨炼同学们意志、人格、品质的过程，同学们要有一定的毅力和耐心，不要一遇挫折就轻易放弃。对此，一定要从小、从严、从点滴小事抓起，要抓住现在高一这个最佳期，养成良好的学习习惯，为终身学习打下坚实的基石。

著名教育家叶圣陶先生说："什么是教育，简单一句话，就是要培养良好的习惯。""对于学生来说，能够得到一把开启智慧之门的钥匙，养成一些良好的学习习惯，练就几路真正有用的本领，那才是最大的实益，终生受用的好修养。"同学们只要养成良好的学习习惯，再加上坚韧不拔的毅力，就一定能把高中课程学好。

第三节　高中生假期生活指导

谈起假期，总能勾起人们甜美的回忆，或是给人以美好的幻想。但对于同学们来说，对假期的感受也只有一个等式：等式的左边是假期，右边是堆积如小山的作业，一大批各种名目的补习班和父母没完没了的"监督"。假期似乎已变为一个沉重的负担。如何度过假期才能既符合教师的标准，达到父母的要求，又能过得精彩而有意义呢？关键在于对假期娱乐和学习时间进行合理的安排。

高中的学习生活繁重而劳累，因此假期生活对于我们高中生而言是弥足珍贵的。这种重要性甚至远远超过在学校的时间。为什么这么说呢？假期对于高中生来说，往往是同学们查漏补缺，拓宽知识面的重要阶段，也会很大程度上影响以后的发展道路。一个假期之后回到学校，也许你会发现有的同学有了很大的变化，很大程度上是因为他们充分利用了假期的时间。

粗略地算一下，如果把寒暑假加起来算有两个月的时间，再加上平时的节假日，大概有 90 多天的时间，这么算起来，对于一名学生来说，一年大概有 3 个月的时间都是在假期当中度过的。所以我们不得不承认，充分利用好假期时间，对于每个同学来说都是非常重要的。

假期前，我们经常会想一定要好好利用这个假期来补缺补漏，但通常大部分的同学总是没能达到自己预想的结果，大都把它拿来消遣荒废掉了。假期已经过去了，想做一些事情，可是什么事情都没做。每次假期结束结果都是如此，归根结底，是因为没有明确而合理的时间安排和坚定的决心来利用假期生活。

分析调查可知，假期中学生一般都在家度过，大多数同学的假期生活内容不是上网、看电视就是学习，形式很单一。多数父母也不会过分干涉孩子的假期生活，能在一定程度上给孩子自由，但也有些家长对孩子过于放纵，一定程度上造成了孩子荒废假期。为了使假期过得有意义，特给予同学们以下建议。

（1）不要过度狂欢放纵，而要利用点滴时间进行有效的学习。寒假生活因为祥和喜庆的氛围，让我们确实感到非常舒适，也很想放松自己。家长在这个时候也经常通宵熬夜不能作出榜样，对同学们的要求自然也就降低了。我们都知道千里之堤，溃于蚁穴，人们良好的生活、学习习惯的养成需要花费很多的工夫和努力，可是要毁掉它却很容易。春节期间前后至少 10 天，如果此期间不能很好地约束自己，那么就很容易养成不好的学习习惯。而这样不好的学习习惯，想要调整过来却需要更多的努力和毅力。那么，与其节后我们花费更多的时间精力来调整，不如我们在节日中就要有所节制。

节制能产生幸福，促进习惯形成。现在的学生就是因为很多的欲望很容易得到满足，所以既不能真正体会他人的辛苦、发自内心地感激父母，也不能更好地节制自我。节制，就是在你最想放纵的时候，悄悄地勒紧脑中的那根弦，让自己的身体能够更好地服从自己。

具体建议：每天一定要有固定的时间来学习，时间可多可少，一般以四个小时为宜；每天都要复习不同的学科，以免挂一漏万。当家里有客人拜访，而你不需要陪伴时，不如悄然躲进书房用功，难道这不是最佳的做法吗？

当很多人都在放松自我，而你却在奋斗时，这种滋味相信一定非常美好，它也是你送给父母最好的礼物！

（2）不要过于担心、忧虑，而要积极行动。学习不太好的同学，你们所面对的种种困难和问题，你们的忧虑和担心很值得理解。与其感叹忧愁，不如奋起赶上。一个失败者，经常是为自己找到无数的借口，经常是怨天尤人却毫无行动；而一个成功者，却积极行动、永不气馁。

具体建议：每当你忧虑的时候，首先深呼吸，然后专心做自己最擅长的功课，一定要记住是自己最喜欢、最擅长的功课；如果有同学问“我现在什么也不擅长”怎么办？那就找到你相对不是那么讨厌的功课，然后从一些比较简单的题目入手，从中获得信心和鼓励。只要你能够坚持一定的时间，相信会对你有所帮助的。

（3）不要心血来潮、朝令夕改，而要制订适合自己的计划、坚持不懈。很多时候，很多同学每每在新学期伊始立下雄心壮志，为自己定下非常远大的目标，却每每都以失败而告终。那么到底应该怎么样制订计划呢？

具体建议：定下适合自己的目标，而不要好高骛远、一蹴而就。罗马不是一天建成的，你的学习也是需要日积月累才能提高的。一个好的学习计划，应当确立一个非常适合自己的目标。每天都要给自己设定一个能够完成且能让自己体验到成功的目标。这样，当你实现目标后，还要很好地奖赏自己，让自己更有动力，坚持不懈！

（4）不要盲目做题，而要狠抓书本。很多同学将自己的失败归结为题目做得较少，所以一到假期就准备将自己投入到题山题海之中。对于有些同学也许是非常有用的，可是对于相当多的同学却行不通。我们都知道，当一个人还不会走路时，又怎么可以期待他能够健步如飞呢？教材是根本，只有在记住概念、弄清规律的前提下，才能达到更好地运用。

（5）适当放松。劳逸结合的重要性大家都知道，如果你真的度过了一个辛苦的学期，感觉疲劳的话，不妨适当休息一下。听听音乐，读读书，都是不错的选择，电视剧或者游戏嘛，尽量减少它们的比重吧。

（6）少玩游戏。同学们可能平时被管得严，没时间玩游戏，但假期有时间玩游戏，一定要适可而止。尤其不要尝试新的网络游戏，投入到网络游戏中会让你损失掉很多时间。

（7）出去旅游。如果可能的话，利用假期的时间旅游也是很好的选择。既能放松心情，又能浏览世界各地的名山大川，更重要的是了解民俗、开阔视野，这才是旅游中很重要的收获。

（8）做家务。假期生活中我们不仅要把时间和精力放在学习上，也该适当地帮家里做点力所能及的事情，体谅父母，更好地塑造我们的品质。

（9）假期中要开展综合实践活动。

A. 什么是综合实践活动？

从认知性学习来看，学习方式可分为接受性学习方式和研究性学习方式。接受性学习方式是在教师的传道、授业、解惑下进行，强化学生接受知识，模仿习题，以及通过大量的考试来巩固所学的知识。其好处是在短时间内使学生获得更多的知识，正所谓：秀才不出门，知晓天下事。而研究性学习方式则是先不把结论告诉同学们，而是让同学们在教师的指导下自主地发现问题、探究问题，最后从大量的信息中获得结论的学习过程。它的好处是：主动地获取知识、引发创新精神，正所谓：听到的不如看到的，看到的不如做到的。两种学习方式对同学们的发展、知识的获得、思维能力的培养，以及解决问题能力的提高都是非常必要的。前者有着几千年的教与学沉积，其经验教训十分丰富；后者是应现代教育教学的需要而兴起的学习方式。目前已进入了一个崭新的知识经济时代，知识和信息将成为最重要的资源，知识创新将成为民族进步、国家兴旺的根本动力。而培养具有创新能力的人才，仅仅采用“接受性学习”的方式往往是不够的，寻求新的学习方式已经成为适应社会发展要求的必由之路。

研究性学习首先要提出问题并选择研究的课题。爱因斯坦曾经说过，提出一个问题往往比解决一个问题更重要，这是因为解决一个问题也许仅仅是一个数学上或实验上的技能而已，而提出新的问题却需要有创造性的想象力。对于中学生来说，则意味着他已具备了一定的观察能力、思维能力和对客观事物的认识能力。要对自己感兴趣的问题展开讨论，要从自然科学、社会科学的范畴提出问题，并将其与自己身边的问题作为课题进行选择和确定。例如，一名同学在小组讨论时说，有一天下午放学回家，半路上被雨淋湿了，特别是眼睛很不舒服，可能那天下的雨是酸雨，这个小组就引发了“酸雨成因的分析调查”课题。又如大家熟悉的古典小说《三国演义》，蜀国是易守难攻，并且是天府之国，为什么最先灭亡，其主要原因就是没有战略眼光。拿今天的话来说，没有培养人才、开发人才，后继无人，怎能不亡。于是，自然引发出“蜀国灭亡的启示”或“培养人才是何等重要”等课题。又如现在同学们使用的随身听、复读机，需要用五号电池，而五号电池的品种很多，价格不一，这里就有一个价格与使用时间的比值，比值越小就越经济，这样的课题同学们既感兴趣又可以根据研究成果节省零花钱，从而激发同学们在研究性学习过程中，从乐于探究的课题入手，对新知识、新事物、新问题进行探究学习。不过，在选题方面应注意以下几个方面：①选定的课题不要太大、太难，也不要过于平庸，缺乏挑战性；②要根据自身的知识、兴趣和特长选题；③要考虑课题研究的可行性、人力、物力、财力、时间等方面。

总之，选择课题要从自己的兴趣出发，从理论价值或对社会的实际应用价值出发，从创造性的宗旨出发。因此，确定课题是研究性学习的关键。

B. 假期中如何开展综合实践活动？

每一假期要提前制订活动计划，积极参加社区服务与社会实践活动，一般来讲，可从以下五个方面进行。

第一，围绕人的基本活动或社会运作的基本方式选择活动主题，如社会的生产、交换、消费等，政治机构的政治功能、经济机构的经济功能、家庭的功能、文化教育机构的功能等。

第二，围绕当前人类社会面临的共同问题和所发生的重要事件选择活动主题，如环境污染、能源危机、人口增长、经济全球化趋势以及战争与和平等。

第三，围绕社区群众共同关心的话题选择活动主题，如耕地减少、用水困难、交通堵塞、住房紧张、迷信抬头、养老与就业等。

第四，围绕主要的社会角色选择活动主题，包括公民、生产者、消费者、家庭成员、朋友、社团成员、自我等。

第五，围绕不断扩大的社区范围选择活动主题：家庭—邻里—社区—乡镇—县市—国家—全球等。

附件：

国外学生如何过假期

假期生活不但是个放松的机会，更是一个补缺补漏的机会。如何合理安排假期生活，对于同学们也很关键。据调查，中国学生和外国学生利用假期的方式上很不相同。

美国：大多数美国中学生选择假期来完成他们的义务服务工作。由于美国越来越多的公立学校作出规定，学生在高中毕业之前必须完成规定时间的社区服务，否则不能毕业。因此，假期就成了学生做义工的大好时机。做义工是没有任何报酬的，专家们认为，做义工对学生的成长非常有益，是一种较好的锻炼机会。

法国：法国中学生的假期很多，学校、学生和家长都十分重视学生假期中的生活和玩耍，旅游是学生暑假生活的一个重要项目。学校和家长组织学生旅游度假时十分注重教育，而不是仅仅考虑消遣和玩耍。最近，法国各地兴起了工业旅游的热潮，即各地方的工厂企业经过一些技术准备，每年假期时接待来自各地的参观者，其目的是扩大企业自身影响。参观者中有相当一部分是学生。比如，法国葡萄酒十分有名，在国际上享有盛誉，因此不少中小学校利用假期，组织学生到法国西部或南部的葡萄酒产地进行工业旅游，对法兰西民族的历史和传统进行具体和形象的了解。

韩国：中学生假期通常会由学校组织参加一些活动，离开家去一些旅游地或野外爬山、游泳，以培养团队精神，通过吃苦，锻炼“韧”的民族气质。中学生们也会被安排去庙宇，接受一些儒家思想教育。

澳大利亚：在澳大利亚，假期是学生表现自己的最好时机，不管他们干什么，都是在没有压力的外部环境下进行的。学生可以参加社区活动、旅游、打工等，但学校重视和倡导学生去参加没有任何报酬的义务劳动，如学习辅导、环境保护、家务劳动、帮助残疾人、为患者服务等。

第四章　构建和谐的人际关系

第一节　构建和谐的师生关系

师生关系过去就是父子关系，是一种人伦关系。正所谓师徒如父子，一日为师，终身为父。父亲怎么对待儿子，教师就可以怎么教育学生。相对于传统的师生关系，现代的师生关系越来越模糊，越来越复杂，它不再是一种简单的、明确的社会关系，而是多种关系的复合体。现代师生关系既包含丰富的传统因素，又带有强烈的时代色彩；既有伦理层面的，又有法律层面的；既有道义范畴的，又有经济领域的。因此，准确定位师生关系不仅有利于营造良好的人际关系，而且非常有助于我们的学习。

在某个杂志社的一项读者调查的结果中我们注意到：三分之二的被访中小学生害怕或者不喜欢与老师交流；75.8%的被访中小学生很少、从来没有或想找但不敢主动找老师说话。

同学们很多都有害怕和老师交流的心理。和老师之间的沟通不畅，甚至存在误区，这直接影响了同学们对学习、对学校的兴趣，也不利于建立良好的师生关系。造成这种现象的原因有很多，包括现存教育体制的很多问题，当然，这和我们处理与老师之间的关系的方法也有很大的联系。下面，我们来介绍一些简单的方法，希望对大家处理好和老师的关系有所帮助。

一、多提问，让老师注意你

在遇到新老师的时候，首先是想办法让老师注意到你。如果不是新的老师，需要设法改善和老师的关系。

老师一般较多关注的是三类学生：学习特别好的和特别不好的、在其他方面与众不同的、特别爱学习的可能成绩不太好的。学习的好和不好，不是短时间可以改变的。其他方面与众不同，是要冒风险的，因为这些可能让老师喜欢也可能让老师反感。剩下的一个也是我们大多数同学容易使用的方法，就是显示你的爱学习。“显示”的方法很多，（显示不是欺骗，如果本来不是特别爱学习，不会坚持很长时间的）比如上课积极配合、作业仔细工整等，还有一个很好的方法就是多提问。

调查中问过很多学生，学习上有了问题怎么办？被问的学生大多数说问同学。提到原因，很多是因为害怕老师，害怕老师说：这么简单的问题……解决这个问题的最好办法是提点有水平的问题。在提出问题之前，应该首先在查找现有资料的基础上（包括教材、笔记等），通过自己的思考，初步找到问题的核心再提问。否则，有些老师可能就会说：这么简单的问题……老师不喜欢的问题往往是直接提问这道题怎么做。如果换成：这道题我做到这里了，不知道下面该怎么办了。说明你已经对题目进行了思考，老师会喜欢的。

有时候，可能会碰到自己不喜欢的老师，应该换个角度看待。每个老师都有值得我们学习的地方，我们要看到他的优点，消除反感情绪，全身心地投入学习，不能因为不喜欢老师就不喜欢他任教的学科，这样对自己是没有任何好处的。

我们要形成这样的习惯：不能让老师白来，要发挥老师的作用和价值。上自习课的时候，每一个老师来，我们都会有问题等着。另外，每节课后，我们也总有问题。这样，在很短的时间内，很多学科老师就会认识我们了。

二、多交流，和老师做朋友

在初步得到老师的注意之后，一定要和老师多交流，把老师当成自己的朋友。

在提问的初期，我们可能更多的是针对每道题提问，随着和老师的进一步了解，可以进一步问一些学习方法上的问题，因为学习方法的针对性很强。在交流的初期，老师不是很了解你的情况下，是很难给你很好的建议的。而随着交流的深入，老师了解了你的具体情况，他也就能更好地针对你的学习情况提出建议。

多帮老师做一些力所能及的事情，比如送作业、帮老师拿东西（比如理科的实验仪器等）也可以增加交流的机会。需要注意的是，你要明白，这些不只是课代表的专利，你照样可以做！

另外，把老师当成自己的朋友，可以和他交流自己学习和生活上的困惑，相信老师可以帮助你解决很多问题，即使有一些问题老师不能解决，也可以给你一些建议。交流过程的本身就是心灵贴近的过程。

在和老师交流的过程中，有一些错误认识需要引起大家的注意。如果“害怕自己说的话让老师不高兴”，就要注意场合和方式，在和老师单独相处的时候，说清楚事情的来龙去脉，清晰地表达自己的意见。如果“认为老师偏心或不喜欢自己”，应先主动接近老师，表达自己想和老师交流的愿望和交流的内容。这样的交流多了，才能从老师的言谈举止中判断老师对自己到底是不是有偏见。情况很可能是学生越主动，越能引起老师的注意，进而增加老师对自己的了解。如果“害怕别人说自己‘拍马屁’”，应该明白：与老师接近、交往、请教，就像与父母、同学或其他人交往一样，是正常的人际交往，没有什么不对。当然不能去“打小报告”，去“邀宠”。如果“害怕老师谈论的一些话题”，也应该明白：只有老师指出自己的缺点和不足，并且在和老师的交流中找到解决的办法，才能取得更大的进步。而害怕、躲避老师，只能使自己的缺点和不足越积越多。

可能有些老师不太注意指出我们缺点和不足的方式与场合，伤害了我们的自尊心，但这一切都可以通过私下与老师多交流来解决好。

多提问、多交流是处理好师生关系的重要方法。良好的师生关系，不仅可以让自己有一个美好的学生时代，即使是在踏上工作岗位后，老师仍是我们的良师益友。一日为师，可以终生为师。经常保持和老师的联系，还可以从老师那里学到很多东西。

在学校生活中，往往存在师生间情绪和行为的对立，致使出现僵硬、冷漠的课堂氛围，这种氛围对老师和学生的身心健康都是不利的。这种不良的师生关系将直接影响到老师教的效果和学生学的效果，而且也可能是导致学生学习成绩下降的重要原因之一。研究表明，师生间的相互作用对学生的学习和发展有着更加重要的作用，如果老师与学生相互作用的质量提高、相互作用的时间增加，就会改善学生对学习的兴趣、对老师的态度，比如，谈论、会谈、问答就比告知、讲演的效果要好。

三、怎样建立良好的师生关系

（1）尊重老师。作为学生，要尊敬老师，尊敬他们的人格和辛苦劳动。无论你是否认可老师的做法，你都应该尊重他们，因为，首先人与人之间就应该互相尊重，更何况他们是长辈，其次他们的劳动很辛苦。

（2）体谅老师的苦心。学生对一个老师的评价，不仅要看老师的态度、行为方式怎样，更应关注其教学态度和教学行为的目的与出发点。有些老师虽然严厉，但其出发点是要让学生有好的发展。这一点等到你毕业之后、走入社会之后，就会有非常深刻的体会。当你平心静气、消除了与老师之间的对立情绪之后，你就会理解老师对学生的期望，你就会理解他们当时一些看来有些难以接受的行为。

（3）认识到师生关系是双方的。学生应该明确，师生关系是一种双向的关系，它的状况如何不仅取决于老师，也与学生自己有关。

也就是说，学生并不是一个被动者的角色，良好师生关系的建立有赖于学生主动积极地参与，只有双方进行广泛、善意的交流才能营造和谐的师生关系。苏轼曾指出：“好之而欲学者得其师，知之而欲传者得其徒。”师生之间应统一在彼此的互相需要上，而不应在同一目标下成为矛盾的双方。建立和谐的师生关系是教育者与受教育者共同向往的一种境界。而达到这种境界，需要师生的共同努力。

第二节　构建和谐的同学关系

人际关系是指社会人群中因交往而构成的相互依存、相互联系的社会关系，常指除亲属关系以外的人与人交往关系的总称，也被称为“人际交往”，包括朋友关系、学友（同学）关系、师生关系、雇用关系、战友关系、同事及领导与被领导关系等。人是社会的动物，每个个体均有其独特之思想、背景、态度、个性、行为模式及价值观，然而人际关系对每个人的情绪、生活、工作有很大的影响，甚至对组织气氛、组织沟通、组织运作、组织效率及个人与组织的关系均有极大的影响。高中生有很大一部分时间是在学校里度过的，如果同学交往中出现不和谐的因素，那会对同学们的学习造成极大的危害，这必然要求建立良好的同学关系。

一、高中学生交往的特点

1. 交往对象的变化

由于自我意识和独立性的发展，高中阶段交往对象的重点开始向同龄伙伴转移、感情的重心也逐渐偏向关系密切的朋友。因为与同龄伙伴交往的平等关系能提供父母所不能提供的心理稳定感、认同感和发挥自身能动性的机会和场所，因此通过分享共同的情感、矛盾、忧虑和困难，伙伴之间在相互帮助和尊重中满足了自我发展的需要。初中是学生结交知心朋友的高峰期，到了高中阶段，青少年几乎达到了一个结交同性朋友的猛增期。

2. 交往方式的变化

青少年由于自我意识的增强、身心方面矛盾的出现造成心理上的不安和焦躁，因此需要有一个能倾吐烦恼、交流思想、表露自我并能保守秘密的地方。小学时伙伴式的交往已满足不了这种要求，因而交友的形式开始注重个人内在素质的特征，交往内容也逐渐从活动的外在层面向内在认识和体验方面发展。选择朋友的标准主要包括以下几个方面：（1）有共同的志趣和追求；（2）有共同的苦闷和烦恼；（3）性格相近；（4）在许多方面能相互理解等。这一阶段朋友之间的关系十分密切，所建立起的友谊相对稳定和持久。

3. 择友特征的阶段性变化

青少年对朋友的选择是以其对交友意义的新认识为基础的。少年期朋友的选择主要以活动为中心，只要愉快相处就是朋友，朋友之间要绝对忠诚、坦白、保守秘密，遵守无形的伙伴关系准则，齐心斥责对朋友的叛变等。高中时期的青少年友谊要比少年时稳定、深刻得多，他们在择友时更注重内在的品质和兴趣，即强调对方的气质、性格、能力和兴趣爱好等。由于此时青少年的判断力、自我调节能力都得到了相对的提高，因而能够做到求大同、存小异，朋友间的一些非原则问题不会影响友谊的继续。由于青少年志趣爱好的不断拓展，内心的丰富使得高中生的交往领域比少年期广泛得多，他们更倾向于选择不同的朋友来满足自己不同的需要。

二、如何选择朋友

古人说："近朱者赤，近墨者黑。"这就告诉我们要交志同道合、真诚、正直、有理想、有抱负的朋友，交这样的朋友往往相处非常融洽，并能在学习和做人上彼此促进、相得益彰。选择朋友要注意以下几个方面。

（1）朋友应是多层次、全方位的。也就是说，要结交多种类型的朋友，以满足各方面之所需。比如，能直陈自己的过错失误，开展批评的诤友；能给自己指点迷津，使自己少走弯路的导师；能够在学习上互助、情感上互慰、个性上互补的异性朋友；能相助于危机、困难之时的患难之友；能与自己一同从事感兴趣的文娱体育活动的娱乐型朋友等。从而为自己的发展和个性的完善创造良好的外部条件。在诸多朋友中，应特别注意多交学习上能互助互励的朋友。

（2）把握好择友的标准。如具有共同的志向、兴趣、崇高的品德，能以心相见，真诚相待，诚实、可靠、正直，具有渊博的学问，在某一方面强于自己等。由于现实生活中同时具备几种条件的理想的人很少，因此不宜追求十全十美的人，否则就难以获得朋友。对于一些性格不同、兴趣有异、有某些不足的人，也可以适当地接触了解，既可以使你加深对各种各样的人的了解，培养与各种人打交道的能力，同时也可弥补自己的某些不足，寻觅到可交之友。总之，交友标准应灵活掌握。

（3）正确认识，深入了解对方。与别人建立某一种类型的朋友关系，必须在较全面、深入了解的基础之上，可以通过直接接触、侧面打听、察言观色、了解其以往的事情等途径和渠道，及其一贯的为人处世的态度达到真正的了解。要特别注意观察了解对方在你背后的真实表现，掌握对方的真实动机，以免误解他人或受骗上当。

（4）要积极主动出击，不宜消极坐等。交友需要相互间的双向交流与交往。要想交上朋友，得有一定的主动精神，可利用课后、学余时间，特别是假期多与同学谈心，交流学习情况、思想及感情，取得相互的了解及信任。

（5）珍惜友谊，发展感情。有的人交友像“蜻蜓点水”，或“黑瞎子掰苞米”，不能深入，满足于泛泛之交；有的人见异思迁，喜新厌旧；有的人忽视朋友的情感，以自我为中心；有的人搞实用主义，需要时是朋友，用不着时成路人，一旦有点矛盾就翻脸变敌人。不管在什么时候，都要与人为善，珍惜友谊，需明白：“有很多良友，胜于有很多财富”。

三、如何处理好同学关系

（1）要关心同学。当同学需要帮助的时候，及时伸出你的援助之手会在无形中拉近你们的距离，有时候一句不经意的关心会带给你一段真挚的友谊。即使无法提供帮助，只要愿意倾听同学对困难或痛苦的诉说，也是一种关心。

（2）在同学面前谨防自傲。每个人身上都有闪光的地方，要善于发现他人身上的优点，而不是用自己之长嘲他人之短。骄傲的人难以容下他人，我们也不愿意和骄傲的人在一起，一定不要在他人面前过分表露自己的长处，要明白每个人都有比其他人强的地方。

（3）要善于与同学交流。很多同学沉默寡言，不爱与同学交往，因为他们觉得同学不喜欢自己。其实，他们的同学可能把他们的沉默寡言理解成了清高，正苦于找不到接近他们的办法。在这种情况下，要主动与同学交流，很快你就会发现同学不是不喜欢你，而他们也会发现其实你只是有些内向，并不是所谓的清高。还有的同学在和自己的朋友闹了矛盾后并不主动缓和关系，怕自己的热情会遭遇同学的冷脸，其实在这种情况下，一个笑脸，一声招呼就可以融化同学之间的冰雪。

（4）要学会包容他人。任何人都是有缺点的，任何人都会做错事情，这些都是正常的。对他人的缺点和错误要持一种包容的态度，不要过多计较，别人会很感激并愿意与你交往的。

（5）要正确看待早恋问题。高中生处于一个敏感的年龄阶段，他们对于感情大多很难把握，常常把朦胧的好感理解为爱情，走入“早恋大军”，而一旦早恋，那对学习的影响就不容忽视。当然，我们不能因此而否定正常的男女生交往，正常的交往对学生的学习是有好处的。学生要明白自己当前的主要任务是学习，早恋会牵扯太多的精力，从而影响学习，得不偿失。

孟子说：“敬人者，人恒敬之；爱人者，人恒爱之。”作为学生要珍惜中学时期的美好时光，努力学习、努力创造、努力提高。愿同学之间能自然、健康交往，献出真情，让校园充满温馨！让世界充满爱！

附录

1. 优秀毕业生学习方法分享

以下是2010年高考后莱州一中5名不同基础的同学对高中学习生活的经验总结。他们有的原本就是中考和基础年级学习成绩的佼佼者，有的是中考和基础年级成绩一般的学生，有的甚至是重点高中计划外录取的学生，但在2010年的高考中他们都取得了可喜的成绩，顺利考入了自己理想的大学。透过他们高中学习生活经验的总结，我们可以领悟到他们成功的秘诀。尽管他们介绍的学习经验主要是高三年级的高考复习经验，但对基础年级的高中生来说，同样有借鉴作用。

学习方法分享一：

方法、习惯和心态

赵芳熠（莱州一中学生，2010年高考以691分山东省文科总分第一名被北京大学录取）

我想与大家分享三点心得。

第一点，各科的学习方法。

语文属于“慢工出细活儿”，平日的积累是十分重要的。语文考卷的前5道小题是基础性题目，知识点多、杂、不宜长时间记忆。我的习惯是专门整理一本笔记，将字音、字形、近义词、成语、病句、标点等进行分类整理，主要整理模糊的或是出过错的，然后会在平时的复习过程中将整理的东西频繁翻阅几次。第6至第8小题只要对原文仔细阅读进行对比，问题一般不大。而文言文阅读和诗歌鉴赏我会另外整理一本笔记，把不会的字句翻译和出错的诗歌鉴赏题记录下来。这样复习起来很有针对性。现代文阅读文体不同，解题方法也不同。我的习惯是先看设问，带着问题阅读原文。而作文在升入高三后会有专门训练，只是想提醒大家要多阅读。尤其是时间充裕时不妨啃一本名著，对其中的几个典型事例要能信手拈来，这对写作是很有好处的。

数学往往会成为文科学生的“拦路虎”。其实，大家不必对数学存有畏惧心理，经过高三几轮的训练，只要大家跟上老师的思路，数学会大有起色。数学方面我还是会准备一本错题本，整理题目的难度要视自己能力而定，过难的题目可以放弃。整理的题不一定太多，但一定要典型，并且这些题目一定要常翻常看。此外，“题海”是要跳的，只有跳进题海，你才能从中抽象出一般的做题方法，才能在高考中更有把握，但要注意把握方向，不能被题海淹没。

英语学习在很大程度上和语文相同，需要日常的积累。首先就是词汇的积累。我建议大家利用好暑假时间把3500个课表词汇背得滚瓜烂熟，这会给你的高三节省下大量时间。然后建议大家多听慢速英语或者听一些英文歌曲，这样听力的题目会变得简单许多。完形填空和阅读理解其实说到底还是靠基础知识和阅读能力，所以有机会的话要多读英语材料，但并不一定要背下来，只要多读就可以帮你了解更多的西方文化，对你的学习生活会有所裨益。在平日的学习中，要注重地道句型句式的积累。可以留心阅读理解中的好句子，并把它背熟，这对作文是很有帮助的。

文综大家可能还不熟悉。其实，只要学好地理、历史、政治三科，文综还是很简单的。学好这三门课，我有两点建议：一是要将知识背熟，不仅要张口就来，还要清楚这些知识的答题范围。我背东西的习惯是分条背，将一个问题分几条，从头背到尾，这样的好处是不易遗漏且条理清晰。再者，我背东西喜欢多反复几遍，遇到反复三遍还背不下来的部分就会立马回去看书，在保证背熟之后再继续进行。最后就是在背的过程中，我会多想想这些内容能用来回答什么样的问题，这对答题的准确性是很有帮助的。二是要注重答题的规范化、条理化、简洁化。从现在开始，大家面对地理、历史、政治三科的题目，一定要拓展思路，并且一定要简洁，以最简练的语言涵盖最多的要点。只有从现在开始训练，才能在文综卷的答题上占据先机。

基本能力的知识是最多最杂的。可能大家现在对基本能力还没有概念，其实它就是多种知识的综合。我是按照不同的学科，分类整理了一本笔记。在12月份之前，会有专业的老师授课，之后会有一位老师教授这近十门的课程。所以建议大家有什么不懂的问题尽量多在12月份之前弄清楚。之后的套题练习，会接触大量的新知识，一定要将这些知识积累下来，时常翻看，自己的笔记本也一定要保管好，在高考前会派上大用场。

第二点，学习习惯。

这方面我感触最深的是要跟好老师的授课步调。跟着老师的步调才是成功的捷径，老师布置的任务一定要先完成，然后再进行自己的学习计划。

提高学习成绩最重要的还是要提高学习效率。我个人对学习效率的理解是：不一定要熬夜到太晚，但是，在学校里的每一分钟都要绝对利用好，都要有收获。上课的时候一定要注意力高度集中，老师讲的每个知识点都不要轻易放过。尤其是自己还存在疑问或是还模糊的知识点一定要全神贯注听好老师的讲解，如果还存在疑问可以先记下，下课以后再单独问老师。最好是能做到在自己不清楚的知识点方面，经过老师的讲解后，自己在下课后能复述一遍。晚自习无疑是最好的消化巩固的时间，我在晚自习时是绝对集中精力的，只有抓紧晚自习的时间，才会完成当天的任务，因此提醒同学们在上晚自习时要安静，静下心来，专心完成作业。

还值得同学们注意的就是升入高三一定要学会抓紧时间。我们班的很多同学在吃饭时都是跑去餐厅的，在回教室的路上都是快走甚至是小跑的，而我的习惯是在这一小段的时间里考虑好我进了教室要复习哪门学科，复习到哪里，然后进入教室坐到座位上就开始干。一天只有24小时，要想有更多的学习时间只能靠自己挤。但是挤出更多的学习时间并不是让大家统统熬夜到很晚。熬夜这个问题要视自己的情况而定，像我身体并不是太好，我会很少熬夜，保证充分的睡眠，才有精力迎接第二天高强度的课程。假如同学精力充沛又有不少任务没完成，那在不影响第二天上课的情况下可以适当熬夜。到了高三有很多任务是下了晚自习也完不成的，我一般不想熬夜，但会适当早起一点，回教室以后就抓紧完成，或是抓紧好课间时间，插空完成。当天的任务当天完是最好，假如实在完成不了，可以往后拖一天，但是，最好不要拖到第三天，否则会造成越积越多的后果。

第三点，心态。

其实，谁都知道心态的重要性，但实际情况是真正遇到挫折或是取得骄人成绩时，却很难保证心态的平和稳定。就拿我来说吧，我高三上学期几次考试在学校的名次大约是2，7，14，21，几乎成等差数列，可以说是越来越糟。我也曾苦闷抑郁，迷惘不知所措，但是，正如大家所知，任何挫折都会过去。当时我就对自己说，必须振奋，已经坏到最后，只能转好了；已经跌到谷底了，只能向上了。我把所有的精力都从成绩与名次上移开，转移到学习上来，只去想还要完成多少学习任务，还要安排多少复习任务，让这种痛苦在学习中消解。结果，我从一次次的失利中走了出来，不但积累了很多经验教训，而且大大增强了抗挫能力。所以，我很想告诉同学们，高三考试太多了，一时的成败并不重要，重要的是在失败中找教训、在成功中找经验。大家要记住没有常胜将军，再好的马也有失蹄的时候，再凶猛的老虎也有打盹的时候。允许自己去失败，也允许自己伤心，但是，不能因为一次失败甚至多次失败就否定自己，不肯再努力，相反，要增强自己的信心。假如你不失败，又怎么能知道自己的问题出在哪？你不失败，又怎么能有自己的经验呢？就像今年高考作文题所说的“人生的一切变化，一切魅力，一切美，都是由光明和阴影构成的”，失败是你人生必须经历的，承认它，接受它，分析它，从中学习，从中成长。要化悲愤为力量，更努力更刻苦地学习。

如果遭遇不如意，而自己又实在没法排解时，我有三条建议。第一，去运动。运动不仅会增强你的体质，而且会给你一个很好的释放苦恼的机会。所以，高三的课间跑操大家一定要引起重视。我的体质并不好，跑三圈对我来说是很有挑战性的，但是高三一年我坚持跑操，也可以说高三的跑操对我的身体和意志来说都是极大的锻炼。记住，如果心情不好那就“把泪水变成汗水让它蒸发掉吧”！

第二，要多和老师、同学交流。我个人是更倾向于与同学交流的，不同的人有不同的烦恼，与同学的交流对我自己是一种释放和鼓励，对我的同学来说，也是一种放松。所以这是个双赢的过程。大家如果遇到问题或困难，一定不要忘记与你朝夕相处的同学，他们就是你的兄弟姐妹，是拉你离开泥沼的坚定力量。当然，也不要忘记日夜为你付出的老师们，他们会为你提供最贴心的安慰和鼓励。

第三，大家可以听一些轻松温馨的音乐，或是轻音乐，让全身心彻底放松，好好睡一觉，第二天醒来时，把所有的烦恼忘掉，打起精神投入新的学习中。

同学们，在我们面前的是没有硝烟的战场，只能向前，不能后退；在我们面前的是马拉松的最后一站，只能奔跑，不能停止。拿出你百折不挠的恒心、水滴石穿的耐心、勇往直前的决心、笑到最后的信心，不放弃、不舍弃、不抛弃，在书山中攀登、在学海中扬帆，在高考考场上书写自己的传奇，造就自己的奇迹。

学习方法分享二：

方法、品质和心态

王盟（莱州一中学生，2010 年高考以 703 分山东省理科总分第二名被清华大学录取）

下面结合自己的学习经历与大家交流一些高三的学习体验。

高三是一个充满挑战、机遇与变数的时期，而高考的变数更大。所以，我想请大家相信我这个走过高三的学长的话，那就是：

现在学习成绩不错的同学，不要以为自己在高三一定能一路领先；现在学习不理想的同学，也不要认为自己在高三一定落后。

高三的学习节奏快、强度大，而且学习时间短。开学后，就进入第一轮复习。这个阶段持续时间最长，也很重要，在回顾知识的同时，还要提炼主干知识，形成知识体系。这个过程大家一定要记住：复习时紧跟老师思路，在上课听讲的同时做好笔记，记下重点、难点、疑点，和老师做好眼神交流，有问题下课再问，不要打断老师思路。老师是最重要的知识资源，大家一定要好好利用，多和老师接触，会让我们受益匪浅。课后除了完成作业，更重要的是回顾当天老师所讲的内容，而且每天的知识一定要当天巩固。我自己是每天晚上吃饭回来就先闭上眼睛在脑海里回顾白天老师讲课的内容，如果能回忆起来说明听课效果不错。在翻看笔记、习题的时候，可以把自己的感悟随手写下，有疑问的地方再梳理一遍，还弄不清楚的就问老师、问同学。除了每天回顾，还要每周末、每次大考前总结梳理前面学过的知识，尽量把知识系统化，至少别弄得大脑里一片混乱；总结错题时一定要想明白原因，不能简单的就错论错。实际上，错因比错题更重要。特别是对于同类型的错误，尤其要警惕，这很可能就是一个知识或习惯上的漏洞与不足。我整理错题本的时候常常是只整理错误原因而不整理题目本身，就是这个原因。

在复习时，除了跟着老师的思路走，还要自己量身定做一套小计划，主要是查补自己的弱点和短板科目，减轻短板对自己综合实力的影响。个人小计划一般不要和老师的大复习计划冲突。

对理科同学来说，高考的哪一门都很重要，都必须下大力气才能学好。先说语文、英语，关键在积累，上课时老师讲的任何一个知识点都可能在你将要面对的高考试卷里出现，你做过的题目也随时可能经过改造又出现在下一张试卷里。所以平时要下足工夫，花足时间。有同学觉得语文、英语落下不好补，我曾经也有同感。我的语文作文不太好，对它也不感兴趣，不抱希望，但是我一直按照老师要求坚持积累美文美段、时事论据等，尽管背不下来，只是经常翻，反复翻；同时也经常和班里作文好的同学交流写作经验，和老师探讨审题要领，总之是常抓不懈，最后高考语文破天荒地考了133分，我想这也是天道酬勤吧！我学英语也是这样，大量的词汇词组我也背不下来，但是我会经常看，别人背一遍我可以看两遍，保持一定的熟悉程度，最后也破天荒考了144分。我自认为这两门科目的成功与平时的不懈积累、绝不放弃是分不开的。

再说数学和理科综合。高中数学知识较抽象，许多同学一提数学想到的就是题，其实知识点和知识网络的构建同样不能忽视。我就曾接触过因为知识不清而影响做题的同学。建议同学们对照教材目录总结各章节内容，做题后整理时一定要弄清楚题目的实质与核心问题，明确不同类型问题的解决方案，最好能弄清其中的原理，这样按步骤来才不会手忙脚乱，毫无章法；此外，对审题造成的错误也应进行总结，从中发现在哪些地方容易出错，即所谓"易错点"，以便日后有针对性地加以注意。理综中最重要的是物理，分值最大，难度也较高，但物理的解题思路相对程式化，易错点也有章可循，所以现阶段物理学习比较吃力的同学一定要有信心，上高三以后听老师指导肯定错不了；化学、生物总分值较物理少，但题目零碎、量大，做题不仔细的同学容易在这个地方吃亏，而且这两科的知识点多，许多地方需要记忆，所以基础一定要扎实。

还要说一下基本能力。这个科目内容多而杂，有自然、人文、音乐、体育、美术、技术、研究性学习，因此没有什么太固定的题型和解题思路。基本能力题很容易让你不知道出题人设置的考点在哪，然后稀里糊涂掉进陷阱，还不知道自己为什么错。这就要求你仔细审好每一道题，减少失误，取得高分。

第一轮复习结束后会进行第二、第三轮复习，这期间会做较多的题，此时最主要的是提高应试技巧，培养良好的心态。通过做题，增强自己的必胜信念，培养自己考场之上唯我独尊、舍我其谁的霸气！

对于高三的这三轮复习我就简单谈这些。下面我再介绍三点我认为比较重要的学习品质。

一是思考。对于学过的知识，应当适时反思，往往可以有好多新感悟或者发现新问题，而且反思的过程中要有一点怀疑精神，“学贵有疑”，对知识掌握越深刻，读书越细心，就越能找到问题。对于存在的疑问，一定要先自己思考，努力做到自己解决。自己解决的问题往往印象深刻，更能提高自己的能力。经过自己思考仍茫无头绪的一定要问老师、问同学，不管用什么方式，问题必须得到解决，不能留下漏洞。

二是总结。需要我们总结的，包括课堂的授课内容、每次考试的经验、与老师同学交流后的心得等，凡是你接触到的有价值的东西都需要总结，就好像你种下的粮食一定要收到粮仓里。总结知识可以加深对知识点及其联系的理解，总结题目可以丰富解题技巧。我们在平时训练中有个口号是“一道题一个题型”，因为高三知识量大，同一类型的题目可能要隔上一两周甚至更长时间才能再遇到一次，无法对某一知识点进行特别强化训练。因此我们自己就必须总结每一道题，从每一道题里挖掘解题思路，总结解题经验。

三是计划。计划又包括时间的分配与内容的安排。首先要针对自己的实际情况找到每天可利用的时间，能有效地利用更多的时间学习在时间紧张的高三是一笔宝贵的财富。抓紧学习的每一分钟，而不是抓紧每一分钟学习，这句话就是强调要有效利用时间，高效率学习。我总是每天放学时要晚走几分钟，或者做完手头剩下的一点任务，或者和几个同学讨论问题，待“大部队”走后再走，这样会节省一点在路上的拥挤时间。回到家中我会再利用一些时间学习，或做题，或积累。但要保证休息好。中午12：50、晚上11：00，到点我会立刻停止学习，马上休息。俗语说得好，身体是革命的本钱，我觉得开夜车没太大的必要，弄不好反而使自己身心俱疲。如果生物钟倒置的话，你的高考肯定完蛋。对于学习内容的安排要有目的性。我的同学有句话叫做“无目的地学习一个小时不如有目的地学习半个小时”。有了明确的学习目的，学习效率自然会提高。内容的安排要针对时间的长短，尽可能在一个完整的时段内完成一项任务，避免因切换状态而影响效率。计划不一定写出来，但一定要有。磨刀不误砍柴工，好的计划可以收到事半功倍的效果。

除了科学的学习方法，在高三还应该有良好的心态。我经常反思自己的精神状态，适时调整，端正态度。情绪低落时，就静心思考，小憩片刻，用自己的理想和目标来激励自己。一种好的心态应该是对学习感到有兴趣。看到发下来的试卷，不是感到厌烦、痛苦，而是摩拳擦掌跃跃欲试；每次考试，不是愁眉苦脸，而是欣喜万分，心想，我又能有一次发现自己还有哪些不足的机会了。成绩好时，应该想想自己还有哪些地方不够好，而不是为之狂欢；成绩差时，应该想幸好不是高考，发现错误正是多了一次进步的机会。如果感到自己心情郁闷，不妨先离开教室，一个人在校园里转转，让内心冷静下来，如果你想从此松懈，就强迫自己想想，你这是在用你的前途做赌注。考试成绩差，只是人生一个小挫折，千万不要怨天尤人，埋怨别人对自己没有帮助，否则会使自己陷入情绪恶性循环当中，一败再败。其实，考试成败对于基础差不多的同学来说，往往不在于知识的掌握，而在于习惯和心态的好坏。因为大家知识的掌握水平相当，这时临场发挥便起着至关重要的作用，所以在考试前，大可不必为几个单词、几个定理、几句文字的记忆模糊而紧张，稳定情绪把你自己已经掌握的答好，就不会出现太差的成绩。如果你平日下足了工夫，良好的心态就会帮助你在考场上一帆风顺地完成答卷。如果你的心态不好，你笔下就有可能小错不断，甚至满盘皆输。可以说，我之所以能在高考中取得优异的成绩，自信、镇定的心态起到了不小的作用。

学习方法分享三：

我是怎么不“普通”的

贾伟艺（莱州一中普通文科班学生，2010年高考以总分667分考取中国人民大学）

1. 要有必胜的信念

三年高中生活短暂而又美好，大家都拥有美好的大学梦想，为了实现这些美好的愿望，必须为之奋斗、为之拼搏。毋庸置疑，这条拼搏之路会充满坎坷，布满荆棘。但是付出必有回报，坚持一定成功！所以，请大家记住一句话，万念归一，拼搏高考，精诚所至，金榜题名。只有树立这种坚定必胜的信念，才能在高考中采撷胜利的果实。

作为一名普通班的学生，信心能够帮助我们战胜自己，克服胆怯，敢于和顶尖学生比高低。只要肯拼搏，在普通班同样可以考上全国名牌大学，同样可以到天（津）南（京）海（上海）北（京）等大城市求学。所以，面对对手，我们要有舍我其谁的霸气；面对考试，我们要有必胜的信念；面对学习，我们要有坚忍不拔的意志。

面对高中学习，应该积极调整心态，克服消极情绪。不要患得患失，总是担心自己不能顺利地学下去，或是担心自己的高考万一考不好怎么办。怕字当头，百事难做。横下一条心往前闯，鼓起你心底的“壮士一去兮不复还”的勇气。高中作业量大，压力重，休息时间少，容易产生烦躁情绪。应该学会疏通，在烦躁的时候，跟朋友或亲近的师长倾诉，到操场跑一圈，暂时放下难题，换一个学科，这些方法都可以帮助我们释放压力。学海有涯乐作舟，把学习当做一种乐趣，当内心不再抵触了，你就干劲十足，学习就成功了一半。

2. 学习要注重计划性

首先，必须要有一个科学正确的计划。这个计划应详细到每月、每周、每天、每节课。在计划的指导下，复习巩固，查漏补缺，循序渐进。其次，必须找到适合自己的学习方法，正视自己，看清楚自己的优缺点，然后通过取长补短改进学习方法，这样才能获得最佳学习效果。学习要紧扣教材，夯实基础。任何学科的学习都离不开对教材基础知识的掌握，在老师的指导下，利用好教材和复习资料，必然有事半功倍的效果。

3. 面对考试，总结反思才能提高成绩

高三不得不面对的是狂轰滥炸的考试，刚上高三多少会有点不适应，害怕自己考不好。但是考试的目的不是比较分数，而是检查前一阶段学习的进步和失误。所以，考试时就应该把全部精力放在试题上，不要想考试以后的结果会是怎样。考试结束后，不能有松了一口气的想法，因为这仅仅是高三无数考试中的一次。试卷发下来后应该仔细分析，找出失误与不足，记录下来，这样在之后的计划中就能够加入针对性措施。

4. 尊重老师，沟通交流，关系和谐创佳绩

在高中这个人生特殊时期，一定要记住，我们不是一个人在战斗。我们有一个完整的班级，有众多关心我们、与我们共同战斗的老师。同时，同学之间应相互帮助，分享学习方法，一味"闭关自守"反而会对自己不利。当我们的班级齐心协力冲击高考时，集体的力量也就显现出来，在这种全力以赴的环境中，没有一个人落后，没有一个人落下，距离成功也就更近一步。

学习方法分享四：

谁笑到最后谁笑得最甜

刘欢（莱州一中，2010年高考以613分被海南大学录取）

2007年中考失利，对于那一次失利，我之所以再一次提起，因为我觉得那不是一件丢脸的事，因为我没有让中考的失利在高考中重现，所以我要告诉大家，暂时的失败并不能代表永远的失利，正所谓谁笑到最后谁笑得最甜。在这里我并不打算谈学习方法，我想要说的是良好的学习方法需要有顽强的精神做支撑，正是因为高中三年有了强大的精神支撑，我才创造了属于自己的高考神话！

我要强调的第一点就是要有信心，不论是对自己、对班级、对老师还是对你身边的一切事、一切人。至今我仍能清楚地记得高一进班时我的名次是倒数12名，高考成绩在班里是第5名，这其中的巨大反差，最关键的一点就是信心，从高一到高三的每一次进步，抑或是每一次失败后的奋起，始终伴随我的都是信心。我时常会反问自己比别人差在哪，并告诫自己可以做到和别人一样的优秀。当然，信心不会凭空产生，也不会永远存在，特别是当你考试失利时，当你很努力地学习却始终赶不上那个看似不怎么努力的同学时，你会发现信心是一种多么缥缈而又不可触及的事物，每当此时，我都会从一次次小的成功中去挖掘自信，比如，一次听写我全对了，考卷中有一道题我得了满分……抓住自己每一次小的成功，同样可以赢回信心！同学们，大家试想一下，一个中考连重点中学都没考上的同学都考上了重点大学，你们还有什么理由对自己没有信心呢？

第二点就是要有目标。从高一开始，你需要在心中明确一所大学，我一直以来的目标就是北京师范大学，虽然最终我没能考上，而报考了海南大学，但我并不认为这个目标定高了，相反它给了我动力，无论是在失利时、疲倦时，抑或是迷茫时，目标所产生的强大动力，都不断推动我的进步。

有了信心和目标之后，我想还需要强调而且尤为重要的就是要有一颗强烈渴求学习的心。记得高一时，我在宿舍门上的留言纸上写了“既然来到了一中，就没打算失败着回去”。这既是对自己、对父母、对老师的承诺，更是对自己的提醒和激励！自从上了高中，我放弃了许多喜爱的事情，包括电脑游戏、看NBA，包括衣着发式的讲究，但我始终没放弃一颗通过学习来改变命运的心。同学们不要再留恋于学习之外的事，高考结束你可以有大把的时间来填补，而对于高考的失利，试问一下我们又能拿什么来补救？机会只有一次，高考我们输不起！

我知道，这三点要真正地做到并不难，基础差点，成绩低点，这都不是问题，高中三年足够用来创造奇迹，重要的是从现在、从此刻尝试着去改变、努力去做。正因为我经历过从倒数到正数，所以我了解这种转变不会轻松，甚至在这过程中会有别人的非议、别人的不屑与排斥。但请记住：这些都是暂时的，当你经过自己的努力最终达到了你的目标时，迎接你的只有被人羡慕的眼光。试问哪一次成功的蜕变没有伤痛，我最终完成了蜕变，我相信同学们同样可以做到，甚至可以做得更好！

我希望那些一直成绩优异的同学能真心帮助成绩暂时落后的同窗。哪怕仅仅相信那些排名靠后但很努力的同学可以做得更好，给他们信心，说声："同学，你很棒！"

我更希望排名靠后的同学能够相信自己可以做得很好，请记住：如果连你自己都不相信自己，谁还会相信你？能打败你的只有你自己，当大家都说你不行的时候，你依然说我行，并努力做到！

2. 给普通高中学生家长的建议

各位家长：

首先祝贺您的孩子迈进了高中的大门，也代表孩子为您付出的辛苦道一声衷心的感谢。孩子是祖国的未来，是父母的希望。每位家长都希望孩子将来成才，期望他们能成为国家的栋梁、家庭的支柱，期望他们无论是伟大还是平凡都做一个对家庭对社会有用的人，做一个健康幸福的人。但在孩子成长成才的道路上，学校和家庭都负有重大责任。古人讲“养不教，父之过”，“教不严，师之惰”。要培养孩子成才，学校教育和家庭教育不可偏废，缺一不可。只有家长重视和做好与学校配合教育孩子的工作，才能将孩子培养成对祖国、对社会、对家庭有用的现代化人才。

进入高中，学生将发生许多变化，也面临着各种挑战。由于家长与子女之间固有的血缘、感情和伦理上的内在联系，家长的言行、素养、品格对孩子起着潜移默化的作用，家庭教育将直接影响学校教育的效果。因此，我们家长有责任、有义务同学校一道帮助孩子顺利完成三年的高中学习生活，并使其有更广阔的发展空间。

一、高中学段学生生理、心理特点

1. 生理特点

处于青春发育末期，身体的生长发育经过青春期的急骤发育后，进入相对稳定状态，是身体发展的定型阶段，主要特点如下：(1) 体态日益显现第二性征，身高、体重、胸围的增长速度减慢，肌肉组织增长迅速，几乎是青春急骤发育期增长值的3～4倍，是肌肉训练的最好、最重要的时期。女生的皮下脂肪组织持续增加，体态日益丰富，在性激素的作用下，性别特征已充分显露出来。(2) 体内机能发育逐渐达到成人水平。人体内组织器官的机能逐渐成熟起来，心脏机能加强，肺活量增大，脑的发育和神经细胞的分化均已达到成人水平，这标志着人体发育进入成熟期。大脑机能进一步发展并在整体上趋向于成熟，主要体现在兴奋与抑制过程的逐步平衡。(3) 性机能的成熟。性生殖器官日趋完备，性腺机能基本成熟，男生正处于性萌动到性成熟阶段，女生则正处于性成熟阶段。

2. 心理特点

(1) 心扉日渐封闭，内心世界丰富多彩，但不轻易表露出来，大小事不愿意与师长商量。(2) 对未来充满理想，处于理想逐步确立的阶段，并存在着理想与现实的矛盾、理想与行动的矛盾、个人理想与社会理想的矛盾，等等。(3) 希望独立自主，自我意识明显加强，心理和行为上表现出强烈的自主性，希望从父母的束缚中解放出来。(4) 关注社会和人情世态，开始认真思考社会问题，国家主人翁的思想开始萌芽，并日益强烈。(5) 性意识开始觉醒，不仅关心自己的体形和外貌，而且希望接近异性，处于性意识发展的第二阶段——爱慕期。

二、高中学段家庭教育现状

由于社会的发展，人才竞争的激烈，独生子女增多，高中学段的家长对子女教育比过去任何一个时期都重视，家庭教育的优势主要表现为：(1) 家长作为建设有中国特色社会主义事业的参加者，对人才素质要求有较深切的体会，这是教育学生的重要资源。(2) 从总体上看，高中生家长基本素质较过去有一定程度的提高。(3) 重视对子女的教育，对提高家教能力水平有较强列的需求。(4) 涌现一批新时期科学教育子女的典型事例和经验。家庭教育中的问题主要表现在：①认识上的偏差，期望的片面，许多家长把全部精力用于孩子的学习上；②相当一些家长认为孩子上高中了、长大了，对其教育已无能为力了；③部分家长的教育理念、内容、方法落后，不适应社会和孩子发展的需要；④少数家长人格上的缺欠给孩子以不良的影响。

三、家庭教育内容

1. 高中学段家庭教育的重要性和不可取代性

(1) 学生进入高中阶段后，思想认识、实践体验水平、是非辨别能力随之提高，对家长深层次的思想、品德以及家长对子女的关爱与期望应有更深刻的理解，家长的人格榜样将为高中生科学的世界观、人生观奠定重要的基础。因此，我们家长应充分认识高中阶段家庭教育的重要性、不可取代性及家庭教育中待开发的潜能，主动发挥家庭教育作用，克服那种认为“孩子大了，管不了啦”的错误认识和降低要求的做法。

(2) 希望我们家长了解“家长、家教必须随着孩子的成长而成长、提高”的客观规律，从而在家教的内容、方式、方法上适应学生高中阶段的生理、心理、学习的发展需要，避免家教中的简单重复、原地踏步的做法，要在教育上不断总结、创新和突破。

(3) 希望我们家长清楚：高中每个学年，学生自主支配的时间约占三分之一，这部分时间主要在家里度过。这样节假日中学生能否有目的、有计划、有序地学习、健康地成长，家庭教育起着至关重要的作用。

2. 请家长强化家庭道德教育

我们都知道我国社会主义道德体系是以为人民服务为核心，以集体主义为原则，以“五爱”为基本要求，以社会公德、职业道德、家庭美德为着力点，以“爱国守法、明礼诚信、团结友善、勤俭自强、敬业奉献”为基本道德规范的。高中阶段的道德教育重点体现在以下几个方面。

(1) 教育子女了解、理解父母将其养育成人所付出的巨大艰辛，从而努力做到关心、体谅父母，为家排忧解难，对父母要有一颗感恩的心。

(2) 教育子女了解、理解诸多社会成员将其养育成人所付出的巨大劳动，从而做到尊重、关心、友善，诚实待人，学会合作。

(3) 教育子女正确认识处理友谊，特别是异性友谊、爱情，引导其将精力用于素质全面提高和发展特长上。

(4) 教育子女正确认识社会现象，分辨是非，培养良好的社会公德、环境道德，识别、抵制不良风气影响。

（5）现身说法教育子女懂得职业道德是人在社会中生存和发展的基础，努力培养与职业道德相关的品质。

（6）现身说法教育子女树立职业理想，在此基础上升华为社会理想，采取积极态度争取入团、入党。

3. 请家长加强家庭心理健康教育

（1）教育子女客观、科学地认识发展中的学生自我，懂得人具有巨大的潜能，高中是发现并开发潜能的重要阶段。

（2）教育子女懂得高中阶段各方面的艰巨任务正是培养毅力的好机会，努力在完成艰巨任务过程中做一个意志坚强的人。

（3）教育子女懂得高中阶段遇到的种种挫折正是培养耐挫力的好机会，努力在战胜挫折过程中做一个自信心强、乐观的人。

（4）教育子女懂得高中阶段感受到的一系列不适应正是培养适应能力的好机会，努力在高中阶段为适应未来社会的发展做好准备。

（5）教育子女正确了解和认识性心理，学会应用理智控制自己，战胜感情的冲动，防止低级需要的恶性膨胀。

（6）教育子女努力学会做自我心理保健，学会预防、抵制狭隘与抑郁、怯懦与自卑、浮躁与焦虑以及严重的逆反等心理问题的产生。

4. 请家长指导家庭法制教育

（1）教育子女懂得做学生要依法成长，在社会中要依法成才，法律是学生健康成长、未来成就事业的保障。

（2）教育子女要学习、遵守《中学生日常行为规范》，并以职业行为规范现身说法，说明其重要性。

（3）教育子女了解《预防未成年人犯罪法》中关于不良行为与严惩不良行为的具体内容的说明和处理，以此作为高中成长的警戒线。

（4）教育子女了解《治安管理处罚条例》的内容，作为学生参加社会生活的警戒线。

(5) 家长在依法办事上应为子女作出榜样，如依法纳税。

(6) 教育子女懂得成年后要承担更多的社会、法律责任。

5. 请家长指导家庭学习教育

(1) 家长现身说法，教育子女了解认识未来职业对从业人员全面的素质要求，从而在高中阶段学习中，把重点放在培养创新精神和实践能力上，并努力提高收集处理信息的能力、获取新知的能力、分析问题和解决问题的能力、语言文字表达能力、团结协作和社会活动能力。

(2) 鼓励支持子女充分发展兴趣、特长，教育子女认识其重要性，并尽力创造条件。

(3) 教育子女走科学、高效的提高学习成绩的道路，研究不断提高听课、作业、看书、复习的效率，并逐步形成适合自身实际的一套科学的学习方法，为终身学习奠定基础。

(4) 教育子女提高"迎考"能力，注意分析研究"高考说明"、近年来高考试题，学会分析试卷，提高审题、答题的水平，战胜考试焦虑，使其在高考中的水平能正常发挥。

(5) 尊重学生意愿，指导填报志愿，使符合实际的志愿选择成为学习的重要动力。

6. 请家长指导家庭健康的生活方式教育

(1) 教育并培养子女养成科学的作息习惯，并不受节假日影响，天天坚持。

(2) 教育并培养子女养成科学的饮食习惯，不偏食、少零食，一日三餐定时定量，尤其要吃好早餐。

(3) 教育并培养子女养成每天坚持一小时锻炼的习惯，不受节假日影响，学会1~2项健身方法。

(4) 教育并培养子女抵制不良生活习惯，如吸烟、喝酒、泡网吧、睡懒觉等。

(5) 教育并培养子女养成预防疾病的卫生习惯，如预防近视、神经衰弱、各种传染病。

(6) 教育并培养子女坚决抵制毒品、预防艾滋病。

四、请家长加强与老师、学校的沟通和联系

人际沟通是一门大学问，为了孩子教育着想，家长和老师的沟通更显得重要。常听到老师说，家长很难沟通；也常听到家长说，老师很难沟通。如果只是彼此抱怨对方，而未思考如何谋求沟通之道，双方很难搭起沟通的桥梁。

那么，家长应如何与老师、学校进行有效的沟通呢？

1. 维护学校领导和老师的威信

学校领导和老师在学生中一般都有较高的威信，这是孩子顺利接受教育、积极向上的重要前提。家长要十分重视维护学校领导和老师的威信，尊重他们的劳动，理解他们的教育举措，支持他们的工作。

2. 了解学校对学生的具体要求

每学期家长都应该抽出一定的时间去了解学校的教育情况。

(1) 了解学校的规章制度，督促孩子遵守规章制度，养成自觉遵守规章制度的习惯，避免发生违纪违规的情况。

(2) 掌握学校的作息时间。对于孩子的课程表，一周学习、生活的大致安排，每天上学、放学的时间，都应该掌握，这样有利于督促、指导孩子一天的学习和生活，使之养成良好的生活、学习习惯。

(3) 了解学校的阶段性活动安排。为了促进孩子全面发展，学校常常会分阶段开展一些集体活动（如运动会、综合实践活动等）。孩子对这些活动兴趣如何，与家长的关心程度有很大的关系。

3. 利用多种形式与学校、老师交流

可以利用现代通信工具（如电话、电子邮件等）进行交流。家长可在适当的时间打电话询问孩子最近一段时间的情况，或在电子邮件中与老师进行交流。也可利用书信交流，把孩子在家的情况或者孩子在学习生活上出现的一些疑问，写成纸条或者书信让孩子带到学校。在学校允许的情况下，还可到学校去看看，与老师面对面地交流。

定期与老师沟通，但不要太频繁。注意不要等孩子出问题时才找老师，平常打个电话了解孩子近期在学校的表现时注意不要每次都是相同的话题，同时注意不要一次就将所有情况了解全面，以免耽误老师正常的教学时间。

4. 与学校领导和老师交流要讲究策略、方法

家长与老师取得联系时，有别于一般同志和朋友之间的交往，不能太随意，衣着及言行举止应规范。联系之前要有所准备：商讨什么问题，了解什么情况，做到心中有数。与老师交谈时要注意场合，在办公室里交流应轻声，以免影响他人。与老师交谈应简明扼要，抓紧时间，因为老师的工作性质不同，铃声一响必须进课堂，谈话时间有限。对老师反映的问题要客观真实。

家长与老师进行联系时，还要对老师的个性和语言有一个初步了解。老师的个性，其实从日常孩子的交谈中就有所了解。家长对老师语言也应有所了解。老师是职业教育工作者，他与家长谈话是他教育工作的一部分。因此，他大多使用的是教育语言，即理性成分重一点。有时摆事实、讲道理、下结论似乎显得生硬或言重了，或显得人情味少了一些，或是有小题大做之嫌。其实，理解了老师的职业也就理解了老师的语言。家长了解了老师的语言特点，就能更好地进行双向沟通，做好配合工作。

有的家长很想与老师取得联系，可又怕挨老师的“训”，不知怎样与老师谈话。必须说明的是，如果老师当着孩子的面与你谈话，有些话语言重了，但那是说给孩子听的，家长大可不必生气。而背着孩子，老师与家长的谈话就缓和客气得多了。与老师联系时，要相信老师，相信孩子，忘掉自己的身份，应以家长的平常心与老师打交道，这样就能相处好。

和老师取得联系时，也应防止给孩子“吃偏灶”。有的家长由于种种原因，如为学校建设工作作了一些贡献，或与老师个人关系甚密，因此要求老师多给孩子一些关照。这本来是情有可原的，

但是要注意，“吃偏灶”实际上有百害而无一益。在群体生活中，如果因为家长的关系和老师有些偏心的原因，使有些学生过于轻易地得到荣誉或不合理的关照，而其他学生获取荣誉又过于艰难，其结果，老师失去了公正、失去了威信，“吃偏灶”的孩子也会因此受到孤立并失去友谊，其他同学也会受到伤害。简言之，这是对所有人的伤害。吃亏是福，如果没有别人的特别关照，一切靠自己奋斗，品尝艰辛，历经坎坷，孩子会对这番努力难以忘怀，格外珍惜。让孩子受点委曲，吃点亏并不可怕，如果家长引导得当，孩子就可因此而更健康、更成熟、更能立于不败之地。

遇事冷静，不把矛盾激化。老师是人类灵魂的工程师，他从事的是塑造健康的人的工作。但老师也不是完人，也有这样或那样的缺点。因此，与老师联系时，应冷静，切忌冲动，要避免产生矛盾，更不要激化矛盾。家长与老师联系也有几忌：一忌遇事“通天”，即有一点事就去找校长或向上级反映；二忌“大嗓门”，一有事就不论场合当众宣讲；三忌在孩子面前与老师“顶牛”；四忌不“就事论事”，乱联系，瞎分析；五忌事后“调查”老师背景；六忌在孩子犯了错误后，在老师面前对孩子拳打脚踢。

5. 正确对待学校或老师请家长到学校处理问题的现象

孩子有这样或那样的缺点，尤其是在学校表现不佳，如学习成绩明显下降，或闯了祸等，老师就会请家长到学校共同研究解决问题的办法。因此，老师“请”家长的前提一般是孩子出现了较严重的问题，或是不愉快的事情，家长应有心理准备：无事不请你登“三宝殿”。每到这时，家长就不想去：办公室的门难进，老师的脸色难看，话难听，家长人难受。其实，家长应该放下心理包袱，换个角度来考虑问题。首先要明确角色：孩子是犯错误者，老师和家长同是教育者，是合作者。其次要明白老师的每一句话或每一个脸色都是针对孩子的，而不是针对家长的，家长应协助老师的工作。这时，家长切忌主动给孩子当辩护律师，否则，就改变了角色，老师对学生的教育就变成了对家长的“批评”了。

因此，家长回避不是办法，也没有必要。家长必须与老师紧密配合，共同做好对孩子的教育工作。

各位家长，你们是学校、老师、学生最亲近的朋友，我们有着共同的心愿、目标和要求，为了家庭、社会和国家，让我们架设起一座友谊、理解、合作的桥梁，为孩子们的健康成长作出不懈的努力！

摆渡者教师书架

丛书名称	主编或作者	书　名	定价(元)
大师背影书系	张圣华	《陶行知教育名篇》	24.90
		《陶行知名篇精选》(教师版)	16.80
		《朱自清语文教学经验》	15.80
		《夏丏尊教育名篇》	16.00
		《作文入门》	11.80
		《文章作法》	11.80
		《蔡元培教育名篇》	19.80
		《叶圣陶教育名篇》	17.80
教育寻根丛书	张圣华	《中国人的教育智慧·经典家训版》	49.80
		《过去的教师》	32.80
		《追寻近代教育大师》	29.80
		《中国大教育家》	22.80
杜威教育丛书	单中惠	《杜威教育名篇》	19.80
		《杜威学校》	25.80
		《杜威在华教育讲演》	29.80
班主任工作创新丛书	杨九俊	《班集体问题诊断与建设方略》	19.80
		《班主任教育艺术》	22.80
		《班级活动设计与组织实施》	23.80
新课程教学问题与解决丛书	杨九俊	《新课程教学组织策略与技术》	16.80
		《新课程教学现场与教学细节》	15.00
		《新课程备课新思维》	16.80
		《新课程教学评价方法与设计》	16.80
		《新课程说课、听课与评课》	16.80
新课程课堂诊断丛书	杨九俊	《小学语文课堂诊断》(修订版)	18.60
		《小学数学课堂诊断》(修订版)	18.60
		《小学综合实践活动课堂诊断》	23.60
		《小学品德与生活(品德与社会)课堂诊断》	22.80
名师经验丛书	肖　川	《名师备课经验》(语文卷)	25.80
		《名师备课经验》(数学卷)	25.60
		《名师作业设计经验》(语文卷)	25.00
		《名师作业设计经验》(数学卷)	25.00
个性化经验丛书	华应龙	《个性化作业设计经验》(数学卷)	19.80
		《个性化备课经验》(数学卷)	23.80
	于永正	《个性化作业设计经验》(语文卷)	20.60
		《个性化备课经验》(语文卷)	23.00

续表

丛书名称	主编或作者	书　　名	定价(元)
深度课堂丛书	《人民教育》编辑部	《小学语文模块备课》	18.00
		《小学数学创新性备课》	18.60
课堂新技巧丛书	郑金洲	《课堂掌控艺术》	17.80
课改新发现丛书	郑金洲	《课改新课型》	19.80
		《学习中的创造》	19.80
		《多彩的学生评价》	26.00
教师成长锦囊丛书	郑金洲	《教师反思的方法》	15.80
校本教研亮点丛书	胡庆芳	《捕捉教师智慧——教师成长档案袋》	19.80
		《校本教研实践创新》	16.80
		《校本教研制度创新》	19.80
		《精彩课堂的预设与生成》	18.00
		《让孩子灵性成长:青少年野外活动教育创新》	20.00
		《联片教研模式创新:一题一课一报告》	23.00
美国教育新干线丛书	胡庆芳	《美国学生课外作业集锦》	35.80
美国中小学读写教学指导译丛	胡庆芳　程可拉	《教会学生记忆》	22.50
		《教会学生写作》	22.50
		《教会学生阅读:方法篇》	25.00
		《教会学生阅读:策略篇》	24.80
提升教师专业实践力译丛	胡庆芳　程可拉	《创造有活力的学校》	22.50
		《有效的课堂管理手册》	24.00
		《有效的课堂教学手册》	32.80
		《有效的课堂指导手册》	24.80
		《有效的教师领导手册》	25.80
		《提升专业实践力:教学的框架》	30.80
		《优化测试,优化教学》	22.50
		《有效的课堂评价手册》	26.80
中小学教师智慧锦囊丛书	费希尔	《初为人师:教你 100 招》	16.00
	奥勒顿	《把复杂问题变简单——数学教学 100 招》	17.00
	格里菲思	《精彩的语言教学游戏》	17.00
	墨菲	《历史教学之巧》	18.00
	沃特金 阿伦菲尔特	《100 个常用教学技巧》	16.00
	扬	《管理学生行为的有效办法》	16.00
	鲍凯特	《让学生突然变聪明》	17.00
	库兹	《事半功倍教英语》	17.00
	鲍凯特	《这样一想就明白——100 招教会思考》	17.00
	海恩斯	《作文教学的 100 个绝招》	15.00
教育心理	俞国良　宋振韶	《现代教师心理健康教育》	25.80

续表

丛书名称	主编或作者	书　　名	定价(元)
教师在研训中成长丛书	胡庆芳　林相标	《校本培训创新:青年教师的视角》	21.80
		《教师专业发展:专长的视野》	21.60
		《听诊英语课堂:教学改进的范例》	31.60
		《提升教师教学实施能力》	22.00
中小学课堂教学改进丛书	胡庆芳　王　洁	《改进英语课堂》	32.80
		《改进科学课堂》	26.00
		《改进语文课堂》	28.00
		《改进数学课堂》	31.00
		《点评课堂:博览教学改进的智慧》	28.00
义务教育课程标准(2011年版)案例式解读丛书	杨九诠 李铁安	《义务教育课程标准(2011年版)案例式解读·小学语文》	32.00
		《义务教育课程标准(2011年版)案例式解读·小学数学》	34.00
		《义务教育课程标准(2011年版)案例式解读·小学英语》	32.00
		《义务教育课程标准(2011年版)案例式解读·小学品德与生活(社会)》	33.00
		《义务教育课程标准(2011年版)案例式解读·初中语文》	29.00
		《义务教育课程标准(2011年版)案例式解读·初中数学》	32.00
		《义务教育课程标准(2011年版)案例式解读·初中英语》	32.00
		《义务教育课程标准(2011年版)案例式解读·初中物理》	32.00
		《义务教育课程标准(2011年版)案例式解读·初中化学》	32.00
		《义务教育课程标准(2011年版)案例式解读·初中地理》	34.00
		《义务教育课程标准(2011年版)案例式解读·初中历史》	30.00
		《义务教育课程标准(2011年版)案例式解读·初中思想品德》	32.00
		《义务教育课程标准(2011年版)案例式解读·初中生物学》	32.00

续表

丛书名称	主编或作者	书　　名	定价(元)
其他单行本	胡庆芳	《美国教育360度》	15.80
	徐建敏 管锡基	《教师科研有问必答》	19.80
	杨桂青	《英美精彩课堂》	17.80
	陶继新	《教育先锋者档案》(教师版)	16.80
	单中惠	《西方教育思想史》	59.80
	孙汉洲	《孔子教做人》	27.90
	丰子恺	《教师日记》	24.80
	陶　林	《家有小豆豆》	27.00
	徐　洁	《教师的心灵温度》	26.50
	赵　徽 荆秀红	《解密高效课堂》	27.00
	赖配根	《新经典课堂》	29.00
	严育洪	《这样教书不累人》	27.00
	管锡基	《中小学综合实践活动课程资源包》	39.80
	孟繁华	《赏识你的学生》	29.80
	申屠待旦	《教育新概念——教师成长的密码》	27.00
	严育洪　管国贤	《让学生灵性成长》	28.00

“新课程教学问题与解决丛书”荣获第七届全国高校出版社优秀畅销书一等奖！

《陶行知教育名篇》荣获第八届全国高校出版社优秀畅销书一等奖！

“大师背影书系”荣获第八届全国高校出版社优秀畅销书二等奖！

《名师作业设计经验》(语文卷)、《名师作业设计经验》(数学卷)、《名师备课经验》(语文卷)荣获第17届上海市中小学幼儿园优秀图书三等奖！

《西方教育思想史》荣获全国第二届教育科学优秀成果二等奖(1999)！

在2006年全国教师教育优秀课程资源评审中，“新课程教学问题与解决丛书”中的《新课程教学组织策略与技术》《新课程教学现场与教学细节》《新课程备课新思维》和《新课程说课、听课与评课》被认定为新课程通识课推荐使用课程资源，《陶行知教育名篇》被认定为新课程公共教育学推荐使用课程资源，《课改新课型》被认定为新课程通识课优秀课程资源，《小学语文课堂诊断》被认定为新课程语文课优秀课程资源，《小学数学课堂诊断》被认定为新课程数学课推荐使用课程资源！